BuddhAll

All is Buddha.

BuddhAll.

BuddhAll

BuddhAll

大乘密嚴經密意

談錫永 著

Ghanavyūha-sūtra

《大乘密嚴經》的主旨其實很簡單：

阿賴耶識即是密嚴剎土。

目　錄

卷中

卷下

附錄

總序

一 說密意

本叢書的目的在於表達一些佛家經論的密意。甚麼是密意？即是「意在言外」之意。一切經論都要用言說和文字來表達，這些言說和文字只是表達的工具，並不能如實表出佛陀說經、菩薩造論的真實意，讀者若僅依言說和文字來理解經論，所得的便只是一己的理解，必須在言說與文字之外，知其真實，才能通達經論。

《入楞伽經》有偈頌言 ——

由於其中有分別　名身句身與文身
凡愚於此成計著　猶如大象溺深泥[1]

這即是說若依名身、句身、文身來理解經論，便落於虛妄分別，由是失去經論的密意、失去佛與菩薩的真實說。所以在《大涅槃經》中，佛說「四依」（依法不依人、依義不依語、依智不依識、依了義不依不了義），都是依真實而不依虛妄分別，其中的「依義不依語」，正說明讀經論須依密意而非依言說文字作理解。佛將這一點看得很嚴重，在經中更有頌言 ——

1 依拙譯《入楞伽經梵本新譯》，第二品，頌172。台北：全佛文化，2005。下引同。

彼隨語言作分別　　即於法性作增益
以其有所增益故　　其人當墮入地獄[2]

這個頌便是告誡學佛的人不應依言說而誹謗密意，所以在經中便有如下一段經文——

世尊告言：大慧，三世如來應正等覺有兩種教法義（dharma-naya），是為言說教法（deśanā-naya）、自證建立教法（siddhānta-pratyavasthāna-naya）。

云何為言說教法之方便？大慧，隨順有情心及信解，為積集種種資糧而教導經典。云何為觀修者離心所見分別之自證教法？此為自證殊勝趣境，不墮一異、俱有、俱非；離心意意識；不落理量、不落言詮；此非墮入有無二邊之外道二乘由識觀可得嚐其法味。如是我說為自證。[3]

由此可知佛的密意，即是由佛內自證所建立的教法，只不過用言說來表達而已。如來藏即是同樣的建立，如來法身不可思議、不可見聞，由是用分別心所能認知的，便只是如來法身上隨緣自顯現的識境。所以，如來法身等同自證建立教法，顯現出來的識境等同言說教法，能認知經論的密意，即如認知如來法身，若唯落於言說，那便是用「識觀」來作分別，那便是對法性作增益，增益一些識境的名言句義於法性上，那便是對佛密意的誹謗、對法性的損害。

這樣，我們便知道理解佛家經論密意的重要，若依文解字，便是將識境的虛妄分別，加於無分別的佛內自證智境上，

2 同上，第三品，頌 34。

3 同上，第三品，頁 151。

將智境增益名言句義而成分別，所以佛才會將依言說作分別看得這麼嚴重。

二　智識雙運

由上所說，我們讀經論的態度便是不落名言而知其密意，在這裡強調的是不落名言，而不是摒除名言，因為若將所有名言都去除，那便等於不讀經論。根據言說而不落言說，由是悟入經論的密意，那便是如來藏的智識雙運，亦即是文殊師利菩薩所傳的不二法門。

我們簡單一點來說智識雙運。

佛內自證智境界，名為如來法身。這裡雖說為「身」，其實只是一個境界，並非有如識境將身看成是個體。這個境界，是佛內自證的智境，所以用識境的概念根本無法認知，因此才不可見、不可聞，在《金剛經》中有偈頌說 ——

若以色見我　以音聲求我
是人行邪道　不能見如來

色與音聲都是識境中的顯現，若以此求見如來的法身、求見如來的佛內智境，那便是將如來的智境增益名言，是故稱為邪道。

如來法身不可見，因為遍離識境。所以說如來法身唯藉依於法身的識境而成顯現，這即是依於智識雙運而成顯現。經論的密意有如如來法身，不成顯現，唯藉依於密意的言說而成顯現，這亦是依於智識雙運而成顯現。如果唯落於言說，那便有如「以色見我，以音聲求我」，當然不能見到智境，不能見到經論的密意。不遣除言說而見密意，那便是由智識雙運而見，這在《金剛經》中亦有一頌言（義淨譯）——

應觀佛法性　即導師法身
法性非所識　故彼不能了

是即不離法性以見如來法身（導師法身），若唯落識境（言說），即便不能了知法性。所謂不離法性而見，便即是由智識雙運的境界而見，這亦即是不二法門的密意，雜染的法與清淨的法性不二，是即於智識雙運的境界中法與法性不二。

然而，智識雙運的境界，亦即是如來藏的境界，筆者常將此境界比喻為螢光屏及屏上的影像，螢光屏比喻為如來法身，即是智境；法身上有識境隨緣自顯現，可比喻為螢光屏上的影像，即是識境。我們看螢光屏上的影像時，若知有螢光屏的存在，那便知道識境不離智境而成顯現（影像不離螢光屏而成顯現），因此無須離開影像來見螢光屏（無須離開言說來見密意），只須知道螢光屏唯藉影像而成顯現（密意唯藉言說而成顯現），那便可以認識螢光屏（認識經論的密意）。這便即是「應觀佛法性，即導師法身」，也即是「四依」中的「依義不依語」、「依智不依識」、「依了義不依不了義」。

簡單一點來說，這便即是「言說與密意雙運」，因此若不識如來藏，不知智識雙運，那便不知經論的密意。

三　略說如來藏

欲知佛的密意須識如來藏，佛的密意其實亦說為如來藏。支那內學院的學者呂澂先生，在〈入楞伽經講記〉中說——

> 此經待問而說，開演自證心地法門，即就眾生與佛共同心地為言也。
>
> 自證者，謂此心地乃佛親切契合而後說，非臆測推想之言。所以說此法門者，乃佛立教之本源，眾生入道之依處。[4]

由此可見他實知《入楞伽經》的密意。其後更說 ——

> 四門所入，歸於一趣，即如來藏。佛學而與佛無關，何貴此學，故四門所趣必至於如來藏，此義極為重要。[5]

所謂「四門」，即《入楞伽經》所說的「八識」、「五法」、「三自性」及「二無我」，呂澂認為這四門必須歸趣入如來藏，否則即非佛學，因此他說 ——

> 如來藏義，非楞伽獨倡，自佛說法以來，無處不說，無經不載，但以異門立說，所謂空、無生、無二、以及無自性相，如是等名，與如來藏義原無差別。[6]

佛說法無處不說如來藏、無經不載如來藏，那便是一切經的密意、依內自證智而說的密意；由種種法異門來說，如說空、無生等，那便是言說教法，由是所說四門實以如來藏為密意，四門只是言說。

呂澂如是說四門——

4 《呂澂佛學論著選集》卷二，頁 1217，齊魯書社，1991。下引同。

5 同上，頁 1261。

6 同上。

前之四法門亦皆說如來藏，何以言之？八識歸於無生，五法極至無二，三性歸於無性，二空歸於空性，是皆以異門說如來藏也。

這樣，四門實在已經包括一切經論，由是可知無論經論由那一門來立說，都不脫離如來藏的範限。現在且一說如來藏的大意。

認識如來藏，可以分成次第 ——

一、將阿賴耶識定義為雜染的心性，將如來藏定義為清淨的心性，這樣來理解便十分簡單，可以說心受雜染即成阿賴耶識，心識清淨即成如來藏心。

二、深一層次來認識，便可以說心性本來光明清淨，由於受客塵所染，由是成為虛妄分別心，這本淨而受染的心性，便即是如來藏藏識。本來清淨光明的心性，可以稱為如來藏智境，亦可以稱為佛性。

三、如來藏智境實在是一切諸佛內自證智境界，施設名言為如來法身。如來法身不可見，唯藉識境而成顯現。這樣，藉識境而成顯現的佛內自證智境便名為如來藏。

關於第三個次第的認識，可以詳說 ——

如來法身唯藉識境而成顯現，這個說法，還有密意。一切情器世間，實在不能脫離智境而顯現，因為他們都要依賴如來法身的功能，這功能說為如來法身功德。所以正確地說，應該說為：如來法身上有識境隨緣自顯現。當這樣說時，便已經有兩重密意：一、如來法身有如來法身功德；二、識境雖有如來法身功德令其得以顯現，可是還要「隨緣」，亦即是隨著因緣而成顯現，此顯現既為識境，所依處則為如來法身智境，兩種境界雙運，便可以稱為「智識雙運界」。

甚麼是「雙運」？這可以比喻為手，手有手背與手掌，二者不相同，可是卻不能異離，在名言上，即說二者為「不一不異」，他們的狀態便稱為雙運。

如來法身智境上有識境隨緣自顯現，智境與識境二者不相同，可是亦不能異離，沒有一個識境可以離如來法身功德而成立，所以，便不能離如來法身而成立，因此便說為二者雙運，這即是智識雙運。

如來法身到底有甚麼功能令識境成立呢？第一、是具足周遍一切界的生機，若無生機，沒有識境可以生起，這便稱為「現分」；第二、是令一切顯現能有差別，兩個人，絕不相同，兩株樹，亦可以令人分別出來。識境具有如是差別，便是如來法身的功能，稱為「明分」，所謂「明」，即是能令人了別，了了分明。

智境有這樣的功能，識境亦有它自己的功能，那便是「隨緣」。「隨緣」的意思是依隨著緣起而成顯現。這裡所說的緣起，不是一般所說的「因緣和合」。今人說「因緣和合」，只是說一間房屋由磚瓦木石砌成；一隻茶杯由泥土瓷釉經工人燒製而成，如是等等。這裡說的是甚深緣起，名為「相礙緣起」，相礙便是條件與局限，一切事物成立，都要適應相礙，例如我們這個世間，呼吸的空氣，自然界的風雷雨電，如是等等都要適應。尤其是對時空的適應，我們是三度空間的生命，所以我們必須成為立體，然後才能夠在這世間顯現。這重緣起，說為甚深秘密，輕易不肯宣說，因為在古時候一般人很難瞭解，不過對現代人來說，這緣起便不應該是甚麼秘密了。

這樣來認識如來藏，便同時認識了智識雙運界，二者可以說為同義。於說智識雙運時，其實已經表達了文殊師利法門的「不二」。

四　結語

上來已經簡略說明密意、智識雙運與如來藏，同時亦據呂澂先生的觀點，說明「無經不載如來藏」，因此凡不是正面說如來藏的經論，都有如來藏為密意。也即是說，經論可以用法異門為言說來表達，但所表達的密意唯是如來藏（亦可以說為唯是不二法門），因此我們在讀佛典時，便應該透過法異門言說，來理解如來藏這個密意。

例如說空性，怎樣才是空性的究竟呢？如果認識如來藏，就可以這樣理解：一切識境實在以如來法身為基，藉此基上的功能而隨緣自顯現，顯現為「有」，是即說為「緣起」，緣起的意思是依緣生起，所以成為有而不是成為空。那麼，為甚麼又說「性空」呢？那是依如來法身基而說為空，因為釋迦將如來法身說為空性，比喻為虛空，還特別聲明，如來法身只能用虛空作為比喻，其餘比喻都是邪說，這樣一來，如來法身基（名為「本始基」）便是空性基，因此在其上顯現的一切識境，便只能是空性。此如以水為基的月影，只能是水性；以鏡為基的鏡影，只能是鏡性。能這樣理解性空，即是依如來藏密意而成究竟。

以此為例，即知凡說法異門實都歸趣如來藏，若不依如來藏來理解，便失去密意。因此，本叢書即依如來藏來解釋一些經論，令讀者知經論的密意。這樣來解釋經論，可以說是一個嘗試，因為這等於是用離言來解釋言說，實在並不容易。這嘗試未必成功，希望讀者能給予寶貴意見，以便改進。

談錫永

2011年5月19日七十七歲生日

導論

導論

一、本經主旨

《大乘密嚴經》（*Ghanavyūha-sūtra*）的主旨其實很簡單，一句話，阿賴耶識即是密嚴刹土。

阿賴耶識是人的心識，或譯為藏識，稱為第八識，佛又說之為阿陀那識。對於阿賴耶識可依瑜伽行唯識的理論來闡明——

人具有八識：眼、耳、鼻、舌、身識稱為「前五識」，此外即為第六意識，第七末那識（意），第八阿賴耶識（藏識）。每一個識都有二份，稱為相分與見分。所以，整個人心識的組合，便只是一堆相分，一堆見分，各各由自種子生起。這些種子即藏在阿賴耶識中。種子獨立，因此由種子生起的見分或相分，大致可以視為單獨的個體。然則這些個體由甚麼力量來攝集它們呢？佛家便將這種力量施設為阿賴耶識。

阿賴耶識有三種基本功能：一是能藏，因為它能藏一切有漏種子；二是所藏，若以一切有漏種子為主體，則阿賴耶識為其所藏之處；三是執藏，因為第七末那識恆時堅執阿賴耶識為自我及內我，阿賴耶識即藏有此執著。這三種功能，最主要的是執藏，在本經中尤其重要，因為當說阿賴耶識即是密嚴刹土時，即依其執藏的轉依而成立。當執著末那識時為迷，離執著時便即是悟。

要了解本經所說的阿賴耶識，還須要認識它的一些異名。

阿賴耶識亦名根本識，由於餘七種識都依阿賴耶識為根本，其相分與見分種子依阿賴耶識，相分與見分種子起現行後生起種子，亦依於阿賴耶識中，因此便將此識視為種種識的根本。所以在本經中，說阿賴耶識生起餘七識，由於七識轉動，阿賴耶識亦隨而轉動，這便可以說是根本識的根本作用。

阿賴耶識亦名異熟識，因為在生死中，它能招感善惡業的異熟果。今生的善業於來生得善果，今生的惡業於來生得惡果，因為因果不同時，而是異時而成熟，所以稱為異熟。本經說阿賴耶識周遍生死，便是依此識的這種功能而說。

阿賴耶識亦名無垢識，有些經典稱無垢識為第九菴摩羅識（amala-vijñāna）。當阿賴耶識捨有漏成無漏時，有漏種子斷盡、無漏種子現行，此時阿賴耶識即不隨餘七識轉動，或說為更不受餘七識覆蔽，這時便成為無垢識。在本經中，說阿賴耶識根本清淨，由於受餘七識覆蔽而成雜染，於轉依時即成無垢識，是即密嚴剎土。

阿賴耶識亦名阿陀那識，因為它能執受人的根身，令之不壞，同時又執持種子，因此我們可以將這功能視為新陳代謝的作用。換言之，便即是人的生命力，在如來藏學說的道名言中，稱之為現分與明分。現分是生機，明分是區別分。一切眾生都必須依賴生機，同時亦必須有種種區別，然後才能由適應而成立生命。舉例來說，心與肝都須具有生機，同時亦須具有區別，所以心的功能便不同肝的功能。在本經中，亦有說及阿陀那識，說它遍持壽、煖、識，即是說它與生命力同在，與生機同在，與心識同在，由是便成立阿賴耶識周遍世間。

說阿賴耶識即密嚴剎土，是由轉依而說。必須了知，轉依實有兩種，本經所說的為究竟轉依。彌勒五論中的《辨法法性論》的主旨便說轉依，讀者可以參考。今且說轉依二義。

這兩種轉依，依梵文即是āśrayaparāvṛtti及āśrayaparivṛtti。唯識今學所說，即是前者，《辨法法性論》所說，則為後者。前者可稱為唯識轉依，至於後者則可稱為如來轉依（tathāgatānāṃ parivṛttiriṣyate）。

唯識轉依是據阿賴耶識及種子來說，於斷捨煩惱障與所知障種時，阿賴耶識便能棄捨一切有漏種子，及劣無漏種子，由是阿賴耶識即依於真如。真如為「迷悟依」，因為一切染淨法都依於真如，而「染淨」便即是「迷悟」的根本，所以便說真如為迷悟依。於轉依時，捨染得淨，便能捨迷而得悟，此時阿賴耶識轉為無垢識，是即現證本淨的真如。因為人於迷時，則依如而生死，人若悟時，則依如而涅槃。

若不分別法界為染為淨，即見法界本性猶如虛空，只是呈現染相與淨相，此二相有如客塵，如是於行人現證法性，阿賴耶識轉依真如而無分別時，便不是轉染成淨，由無分別，則成如來轉依，現證如來法身。無著在《大乘經莊嚴論》中有頌言——

> 彼處如來住　不動如山王
> 尚悲樂滅人　況著諸有者

無著釋云——

> 此偈顯示如來轉依，諸轉中勝。何以故？如來轉依住無漏界處，如山王鎮地安住不動。如此轉已，見於聲聞緣覺樂寂滅人尚生憐愍，何況遠邊下賤著有苦惱眾生。

這即是說，此轉依的究竟依止非依真如，而是依如來法身，所以說轉依的境界不動如須彌山王，且具足如來法身功德（大悲），如是即成智識雙運境界。

傳承瑜伽行古學的真諦，在《十八空論》中，其實早已指出這兩種轉依，說言——

> 但唯識義有兩：一者方便，謂先觀唯有阿梨耶識，無餘境界，現得境智兩空，除妄識已盡，名為「方便唯識」也；二明「正觀唯識」，遣蕩生死虛妄識心，及以境界一皆淨盡，唯有阿摩羅清淨心也。

這裏說的方便唯識，近於唯識今學，瑜伽行古學則包含二種。亦可以說，唯識今學所說的轉依，為唯識轉依，瑜伽行古學包含二種轉依，以轉依真如為方便，以轉依如來法身為究竟，本經所說的轉依，即是瑜伽行古學之所說。其所說「阿摩羅清淨心」已不是識，而是證智，佛內自證智即是如來法身。

轉依既依如來法身，所以如來法身即是密嚴刹土。如來法身當然與如來法身功德雙運，所以密嚴刹土便亦即此雙運境界。

二、密嚴刹土

既由轉依決定密嚴刹土即是如來法身，那便即是如來藏，因為如來藏同樣是如來法身與功德雙運境界。這境界在《入楞伽經》中，名為「如來藏藏識」，在本經中，則只說為「阿賴耶識」。為甚麼有這樣的差別呢？因為《入楞伽經》的主旨是說如來藏，當如來藏受習氣影響而起分別時，則名之為

「藏識」，亦即阿賴耶識；本經的主旨是說阿賴耶識，說此識本來清淨，為習氣所纏而起分別，由是將本來清淨的阿賴耶識說為如來法身。成立眾生都有佛性，便即是因為眾生都有本來清淨的阿賴耶識。

讀經的人可能有一疑惑，阿賴耶識常時受習氣覆染，焉能說有如來法身。這便應該知道，本經所說的阿賴耶識，是以如來法身為體，以世間阿賴耶識為用，因此為了容易理解，我們可以方便將阿賴耶識分為體用兩份，本來清淨的阿賴耶識即是本體，習氣覆纏的阿賴耶識則是功能。但這功能，並不是本體的唯一功能，只是凡夫依習氣加於本體上所起的功能，這時便可以喻為如磁吸鐵，磁石本無作意去吸鐵，但有磁石便可以令鐵自然轉動，所以有習氣便能令阿賴耶識自然轉動，失去本性，呈現轉動性，世間阿賴耶識的功能即由此轉動性而成。正因這樣，才可以成立轉依。當阿賴耶識不隨七轉識轉動時，由於離分別，便能離習氣，這便有如將磁石取走鐵即不轉，這樣一來，阿賴耶識的本體便顯露，亦即如來法身顯露，密嚴刹土即由此而成立。

所謂密嚴刹土，即是如來法身上有識境隨緣自顯現，將法身與識境連同來說，便可以說為密嚴刹土。這時，自顯現的識境便是法身上的種種莊嚴。

識境亦有兩種：有為法與無為法。有為法是輪迴界，無為法是涅槃界。密嚴刹土中的識境，常常僅指涅槃界而言，因此說住密嚴者都是大菩薩。密嚴刹土中有種種不可思議的境界，不過，密嚴刹土中亦許輪迴界住入，那便是觀修勝瑜伽的瑜伽士（yogin，瑜祇）。甚至由佛開許，連色界、欲界的諸天都能住入。如果我們將密嚴刹土看成為一個真實的刹土，這現象便很難理解，但我們若將密嚴剎土視為菩薩定中的智境、瑜伽士觀修時所得的現量境、信解密嚴者的心識境，都只是心理狀態，那麼對本經便能豁然貫通。所謂密嚴剎土，便是如來內自證智的境界而已。菩薩與行人雖未證入這個境界，但已能悟入，便同樣是住入密嚴。

本經強調阿賴耶識成立世間，此成立有兩種，可以變現為淨，亦可以變現為染。藏譯有頌文說：「無漏善相應，則因以轉依，如是隨所現，相成種種色，習氣相應故，賴耶遍住世。」（漢譯缺此頌）這即是說變現為淨。成轉依後，阿賴耶識所現都是清淨相，經言：「如來清淨藏，和合於習氣，變現周世間，與無漏相應，雨諸功德法。」這是如來藏與習氣和合，是即與無漏相應，所以清淨。至於變現為染，經中用「變異」來說，本來清淨的清淨相，由變異而成雜染相，這變異是習氣的作用，因為習氣不與如來藏和合所以便能生雜染的功能。在這裏，經文用「如來藏」來說，實即說以如來法身為體的阿賴耶識。

必須知道這兩種成立，才能建立轉依。於轉依前，所見唯是變現為染，得轉依後，則見遍清淨的變現。然而卻須知道，清淨變現中無如來法身相，因為如來法身是智境而非識境，無變現可言。其實清淨變現所見，依然是識境，當見一切諸法任運圓成時，即能適應一切相礙時，那便是清淨的變現相，若不知任運圓成，只由依他或遍計來見變現相，那便是見雜染的變現。瑜伽行成立三自性相，即依此而成立。

所以對於密嚴剎土，我們還可以補充，若廣義來說，密嚴剎土便是阿賴耶識的清淨變現境。經中強調涅槃界的顯現相，亦即色身佛境界相，當證入這境界時，便可以說是證入如來法身功德。這一點於下來說轉依時，再詳細說明。但這裏已得一決定，最能影響阿賴耶識的是習氣，習氣是無明住地，所以轉依的關鍵便是捨離習氣，甚至我們可以這樣說，於習氣捨離時，心識便已住入密嚴剎土。

三、轉依

說阿賴耶識即是密嚴，必須由轉依來說，我們上文已經談過兩種轉依，本經第八品即詳說此義。

本經說轉依很形像化，先說月幢如來的神變境界，這便即是轉依後的境界。月幢如來在欲界、色界諸宮殿中示現說法，一一宮殿同時有一月幢如來，同時為佛子圍繞，諸天侍衛，這便是說如來法身境界離一與多；又說密嚴剎土中「**佛及諸菩薩，身量如極微，乃至如毛端，百分中之一**」，這便是說離大與小的相對，這些形像便即是離識境的形像。密嚴剎土既是智境與識境雙運的境界，何以又離識境的現象來說呢？此即須知，所離的識境現象，只是凡夫由遍計而見的現象，並不是密嚴定中所見的識境現象。定中的識境與智境不離，因此必然是離遍計與依他而見，所見唯是圓成。

任運圓成雖然說是相礙緣起，但必須現證如來法身功德，然後才能見一切法的圓成。所以在佛後得智中，見識境如如，即是如其任運而見圓成相。於圓成相中，已離一切識境的一切名言與句義，是即離戲論，於是習氣不起而無分別，這便是轉依的機理。

經中說轉依，依法眼來說。所謂法眼，即是通達佛教法的要點，此依五法、三自性、八識、二無我而說。在疏文中，筆者已說此法眼，要旨即在於無分別，所以在五法中，相、名、分別、正智、如如，前三者為染，後二者為淨，染淨的區別，即在於有分別與無分別；至於三自性，名是遍計，相是依他，遠離名相而見圓成，這亦可以說是離名與相的分別，即是法眼；說八識，經中詳說末那識與意識令阿賴耶識轉動，由是阿賴耶識亦成分別，若阿賴耶識不受轉動，即無分別，這可以說阿賴耶識的轉與不轉是為法眼，然而亦可以說是以有分別、無分別為法眼；說二無我，「人無我」非為究竟，必須現證「法無我」，至究竟時始能轉依，所以究竟法無我可以說是法眼，但這實在亦是無分別。因此綜合來說，無分別是佛教法的法眼，所以才有一本《聖入無分別總持經》，這本經之所說，是分四次第證無分別，可以說是觀修轉依，可惜在漢地重視這本經的人不多。

至於如何修密嚴定而成轉依，詳見第八品所說，此處不贅。

四、本經的架構

本經梵名*Ghanavyūha-sūtra*，經名中的ghana，意思是稠密，深厚；vyūha 一詞通常譯為「莊嚴」、「嚴飾」，不過 vyūha 的原義，卻是指一大群人的聚集。所以 ghanavyūha 一詞，可以用兩種意義來解釋。

第一個解釋是「深厚地聚合起來的莊嚴」；第二個解釋是「稠密地聚集起來的群眾」。

經言「密嚴世界」（密嚴國、密嚴剎土），即是如來法身，亦即如來藏，同時可稱為法界。由如來藏學說，可知如來法身上有種種識境隨緣自顯現，便成立了種種時空的種種世界，其中有眾生，也有器物，便聚合成為法界的莊嚴；如果光拿眾生來說，那就是聚合起來的群體。這些群體便即是「密嚴人」，所謂「密嚴人」不單指人類，天龍八部、三界諸天，以至種種時空的種種有情，都可以成為密嚴人。

然而密嚴世界卻並非是一個世間，它實在是一個境界。可以說為法身境界、法性境界、如來藏境界、智境與識境雙運的境界。依此本經八品即分兩個主題來說：一說密嚴境界，即第一品；次說密嚴人，以及如何由凡夫成密嚴人，這即是其餘的七品。

第一品說密嚴道場。

本品成立密嚴世界，稱為「密嚴道場」。此依三者來成立，即是密嚴人、密嚴土與密嚴法。

密嚴人除佛以外，即為「修習聖瑜伽者」及「菩薩摩訶薩」。修習聖瑜伽者的範圍很廣，於經文的意思，以初地以上為入，以八地以上為住，因為初地菩薩開始見法性，至八地菩薩則能見如來法身功德，這便是兩個次第的修習聖瑜伽者。

密嚴土即是有種種妙莊嚴顯現的密嚴世界。例如帝弓電光妙莊嚴殿、無垢月藏殿。然而，這些妙莊嚴其實只是比喻，密嚴土可以說是瑜伽者的心識境界、菩薩的證智境界，必須依此而說，才能說阿賴耶識是密嚴刹土。

密嚴法即是經中強調的密嚴定。此定的觀修，佛便是本尊；入密嚴世界者即是眷屬，密嚴土便是觀修壇城；本尊放攝光明即是演說密嚴法，於演說中生起觀修時的抉擇與決定。此在疏文中已依次第說明。

第二品說妙生身。

本品說妙生身，即說淨生身，這是相對於第三品的胎生身而說，由金剛藏為法主，以三次答問來說三種妙身生。所謂妙生身，即是微妙的淨生身，與凡夫粗重的染生身相對。

一、說由初地至十地的妙生身。先說入密嚴並非壞滅，然後說入密嚴後六種菩薩行，是即說初至十地的十種意生身。

二、說觀行密嚴勝瑜伽者的妙生身。先界定世間現象由阿賴耶識變現，由是說明一切唯住於心，所以藉修定來改變心識，即可成微妙身入密嚴。

三、說密嚴土是智識雙運境，如來法身於此境中可示現微妙變化，如是便成第三種妙生身，亦即佛的意生身。

第三品說胎生身。

本品說胎生身，即是說染生身。其說可分為二：初說染生身的生成因，更說此身虛偽而受苦。其後說染生身中的智者，可由觀修勝瑜伽（密嚴定）而得入密嚴。

將本品與上品比較，便知道兩種身其實是未轉依與已轉依的分別，須成轉依然後始得入密嚴。

第四品說自作境界。

將世間現象與密嚴境界比較，可以說凡世間現象，必落於生滅、常斷等相對法，密嚴境界則離此相對。是故可以決定：世間唯識，一切虛妄；密嚴智生，唯此真實。這便是心識的自作境界，若此境界唯落於識境，則是凡夫；若此境界由智生起，便成聖者，凡聖皆由自作。既由自作，便不由他力。

說這一品，是為說轉依鋪路。因為轉依須由自作而成，觀修勝瑜伽即為自作，瑜伽證量即是自作境界。結合前兩品來說，則成微妙身或胎藏身亦為自作境界。

第五品說辨觀行。

本經不用「觀修」這個名詞，稱之為「觀行」，這是通例。修與行其實不一不異，上座依抉擇法義而修，是為觀修；下座依觀修法義而行，是為觀行。凡夫以觀修為主，菩薩則以觀行為主，本經著重密嚴剎土中諸大菩薩之所行，所以便用觀行這個名詞。筆者則站在凡夫的立場來理解，因為讀者多不是大菩薩，因此在疏文中便說為觀修。這做法沒有過失，因為觀修、觀行所依的見地完全相同。

前一品說到觀修亦是自作境界，所以本品便須加以分別，否則便可能誤入邪定，此如偏執於宗義，便可能將正法說成邪法，此如現代有些學人之誹撥如來藏。

本品所說其實很簡單，遮撥「人我」、「法我」，於觀修中現證「人我空」、「法我空」，那便是真實的觀修。證人我空即無染覺，證法我空即無邪覺。

第六品說趣入阿賴耶識。

為了說阿賴耶識即是密嚴，因此即須趣入阿賴耶識以作觀察。全品分三段，先說入密嚴見佛境，次說依佛境界來觀察阿賴耶識的體性，更說依世間來觀察阿賴耶識的體性。

說入密嚴見佛境界，須知趣入密嚴即是趣入阿賴耶識。亦可以說勝瑜伽境界即是佛境界。於修勝瑜伽時能得現證，即緣起盡而見清淨平等。金剛藏更說十地的觀修，至十地時，得聞、法、義、忍四陀羅尼，於楞嚴定中得八種自在，於是即能遊戲於密嚴剎土而得見佛境界，如來法身能作六種示現。

接著，即依此佛境界來觀察阿賴耶識，說八種義，主旨在於說明能了知阿賴耶識。若能了知阿賴耶識本性清淨，即成無漏。阿賴耶識周遍流轉世間，但並不是世間的作者，必須決定這點，才能了悟其為淨種，其顯現境亦本性清淨。餘義於疏文中亦已詳說。

於世間觀察，阿賴耶識雖顯現世間，但實無染，所以能現三界，亦能現十地，不能說現三界時為染，現十地時為淨。如是即能理解阿賴耶識非如幻化，七轉識則如幻化。最後成立阿賴耶識體性即是如來藏、即是涅槃。

第七品說我識境界。

這一品非常簡單，只是說「我」這個概念從何而來，實來自心識與心所。其初先設惡獸喻。惡獸幻變相似相來捕殺餘獸，餘獸見其相似，便以為是我類，由是即受捕食。這即比喻人執相似為我，因為人之見一切法，實則見其如幻的相似顯現，但卻執以為實，一如諸獸執惡獸的如幻相似相為實。這便是人法二執的害處。

第八品說阿賴耶識即密嚴。

頌文先分三大段，說阿賴耶識即是密嚴剎土。這三大段即是入密嚴的基、道、果。第一、依教法而說基；第二、依觀修密嚴定而說道；第三、依觀修的要點而說，能得法眼，是即生密嚴因，此即為果。

依教法說基，是依五法、三自性、八識、二無我而說。先觀察相、名、分別，最終決定觀修無分別而成轉依。然則分別從何而來呢？依相作分別而有名，依名作分別而有事，於是即由觀察三自性來遮撥相與名為實事。於抉擇八識時，則說：藏識與七轉識和合而轉動，便成分別。這分別亦由習氣牽引，由此牽引，藏識轉動時之所覺便是分別。

這段頌文甚長，因為牽涉到的問題很多，讀者須依上來所說的主旨而讀，否則便多枝蔓，讀時容易失去主旨。

依觀修說道，即是說密嚴定。於中區別四者：何者為定、何者為非定、何所定而為定、何者為定所待之緣。這段頌文亦相當長，讀時亦應握定主題。

依觀修而說果，即是說，能於五法、三自性、八識、二無我中得法眼，即能依法眼而入密嚴定，如是成入密嚴因。其後更證成阿賴耶識即是密嚴，這便是轉依，由密嚴定可得轉依果。

第五、結語

說阿賴耶識即是密嚴淨土，由此說及轉依，這是本經最殊勝的顯示。一般的說法，轉依必是轉捨阿賴耶識，本經則與這說法不共，說阿賴耶識本來就是密嚴剎土，明白這點，才能明白瑜伽行古學與唯識今學的分別，本經所說，正是瑜伽行古學的說法。在漢土，近代學人對瑜伽行古學已多忽略，由是才會懷疑《佛性論》非世親所造，若依本經之所說，便不會認為世親唯說方便唯識，而不說正觀唯識，因為本經說唯識時，實依正觀唯識而說。

本經說阿賴耶識即是密嚴，亦即說法身、法性、如來藏，所以由本經之所說，實不能對如來藏生疑，尤其是唯識學人，本經是他們的祖師玄奘法師認定的根本經典，唯識學人對此自然不應生疑，更不能說自宗宗義否定如來藏，所以他們對如來藏的態度，應由讀本經而作改變。

中觀家以「緣生性空」為究竟，將如來藏說為方便，只是為了開引外道，更而甚之則說如來藏為外道見，試看本經，說須超越根、境、識的三和合而成轉依，三和合便即緣生，那便是超越緣起才能入密嚴剎土。這樣說來，如果「緣生性空」即是究竟的話，這見地又怎能被超越呢？再者，倘如為了開引外道而說如來藏，便不應該更說密嚴剎土，即使說，亦不會說超越緣起。

筆者於讀本經時感慨良多，真為末法時期的現象躭心。希望筆者的疏文能助讀者作較深入的了解，摒棄種種誤解宗見而成的說法，如是正法即受扶持，是所厚望。

談錫永

西元二千又十三年七月一日

前言

前言

《大乘密嚴經》是一本極其重要的經典，更是瑜伽行與法相學的根本典籍。釋迦親自說：諸經由《密嚴》出。依此檢視諸經，《解深密》等法相系列經典，固然可以說是由《密嚴》出；如來藏系列經典，如《勝鬘》、《不增不減》等經，實亦可說是由《密嚴》出；《華嚴》、《法華》說由《密嚴》出亦無不可，華藏世界、法華莊嚴，亦可以說是密嚴剎土的另一表達形式；倘如依觀修而言，則《理趣般若》等與觀修有關的《般若》經典，說為由《密嚴》出亦無不可。佛說《密嚴》出諸經，正因為這是佛甚深密意所在的經典，諸經自然可說由本經出。

《密嚴經》的主旨，在說「密嚴剎土」。這密嚴剎土，經中說為如來藏、涅槃、法界、法身，同時更說其實一切世間都是密嚴剎土，連阿賴耶識都是密嚴剎土，這就是如來藏思想了。涅槃的境界，即是如來的內自證智境界，這境界可以稱為法身，亦可以稱為法界。於中有種種識境隨緣自顯現，顯現的無論是內心或外塵，無一不是密嚴剎土，所以一切世間的阿賴耶識都包含在內，這便是甚深秘密的密意。

經言，密嚴剎土是佛、菩薩與觀修瑜伽者的住地。這便是說一切世間的眾生，無不是密嚴剎土中人，不只與菩薩平等，而且與佛平等。只不過未作觀行的凡夫，心識落於世間的名言句義，不識密嚴，是故才未能住入。換一句話來說，即是凡能知佛密意的人，無論是菩薩抑或凡夫，都能住入密嚴。

本經說密嚴刹土與住者，即是由情器世間來建立。有情是密嚴刹土中人，世間是密嚴刹土。因此，佛與眾生平等，法界與世間平等。但是這平等並不容易為人了知，主要問題在於心、意、識。凡夫的心、意、識不能知此平等，所以必須捨離世間的名言與句義，由本覺來覺知，這在經中便說為得法眼，由得法眼，然後才能現證密嚴的密意。

筆者在說如來藏諸書中，說如來藏為「智識雙運界」，亦即「佛內自證智境」與「隨緣自顯現識境」雙運，其實這便亦即是密嚴刹土，因為一切識境，便是如來法身的莊嚴，可以說為密嚴。

本經說密嚴，先說刹土，再說眾生，說刹土只有一品，其後六品都說眾生。說眾生特詳，那是因為說及入密嚴刹土的觀修。例如說「觀行」、說「趣入阿賴耶」、說「我識境界」都與觀修有關。觀修的目的，是求得轉依，由是得證覺涅槃。

因此本經亦可以分為基、道、果續。初、二品為基續，三至七品為道續，第八品說「阿賴耶即密嚴」則為果續。筆者疏文亦依此脈絡而說。

關於本經大意與結構，於導論中已詳說，於此不贅。

本經漢譯有兩種：一為《大乘密嚴經》三卷，唐・地婆訶羅（日照，Divākara, 613-687）譯；一為同名三卷，唐・不空三藏（不空金剛，Amoghavajra, 705-774）譯。兩譯比較，僅有少數差異。由譯文可見，不空繙譯時，筆受者實多處參考地婆訶羅的譯文，有時甚至照抄原文，不過，譯意不同的地方，筆受者仍能如實表達，所以由不空譯可以看到一些為地婆訶羅所忽略之處。依所表達密意而言，不空譯較長。支那內學院當年出版《藏要》時，地婆訶羅譯本雖然流行，但卻採用不空譯，可以說有見地。

藏譯一種，題名 *'Phags pa rgyan stug po bkod pa zhes bya ba theg pa chen po'i mdo*，譯言《聖莊嚴密嚴大乘經》，譯者為勝友（Jinamitra）、戒菩提（Śīlendrabodhi）、智軍（Ye shes sde）。依呂澂先生的校勘，漢譯有缺漏，藏譯亦有缺漏，只不過漢譯的缺漏較多一點，但依譯文而言，藏譯用詞實較為嚴謹，這恐怕便是因為漢譯要經過「筆受」的關係。

依呂校，在詞義上不空譯本與藏譯本時有差異，於這些差異處，有幾處地方，地婆訶羅譯本與藏譯本相同，僅不空本歧異，所以或可斷定，地婆訶羅譯與藏譯實據同一梵本，不空譯或為另一梵本。然而兩梵本的法義差異實亦不大。

民國初年，支那內學院出版《藏要》，本經收入第三輯第三種，用不空譯。更用地婆訶羅譯校勘，稱為「舊譯」，復又用藏譯本校勘，稱為「藏譯」，此二者皆應為呂澂先生所校。筆者註疏即依此本。於註疏時，選擇呂澂的「校記」錄為腳註，於註碼後加「呂勘」字為標記。

《藏要》本於經前有歐陽竟無先生導論長文，題為《大乘密嚴經品目》，疏時亦作參考。但因彼此所取的立足點有差異，筆者依如來藏註疏本經，歐陽先生導論雖亦推重如來藏，但只着重依法相而說。且定義本經時，與「唯識學」相對，稱本經為「唯智學」。一經「識」與「智」的判定，雖歐陽先生其實並未離識談智、離智談識，但讀者卻可能偏着於智，未必能悟知如來藏實為智識雙運的境界，此境界既非唯識，亦非唯智。以此差異，即不能完全依歐陽先生的說法來疏解本經，但亦將他的導論列為附錄，以便讀者參考。原文未分段，錄時分段為筆者所加。他的文字非常典雅，而且論說淵博細緻，令筆者汗顏。

筆者未能通檢藏譯，亦未能將漢譯所無、藏譯則有的全部偈頌補譯，則實因目力不濟之故，此尚希讀者原諒。

《大乘密嚴經》疏

《大乘密嚴經》

唐・不空三藏　譯
談錫永　疏

梵名：*Ghanavyūha-sūtra*
藏名：*'Phags pa rgyan stug po bkod pa zhes bya ba theg pa chen po'i mdo*
譯言：聖密嚴大乘經

【疏】 先解經題。

本經梵名，譯言《聖密嚴大乘經》。經名中的ghana，意思是稠密，深厚；vyūha一詞通常譯為「莊嚴」、「嚴飾」，那是為了推重聖者而譯，若對普通人，意思便是裝飾品。不過vyūha的原義，卻是指一大群人的聚集。所以ghanavyūha一詞，可以用兩種意義來解釋：第一個解釋是「深厚地聚合起來的莊嚴」；第二個解釋是「稠密地聚集起來的群眾」。本經經題實在兩個意思都有包含。

經中明說，所謂「密嚴世界」（密嚴國、密嚴剎土），即是如來法身，亦即如來藏，同時可稱為法界。我們知道，如來法身上有種種識境隨緣自顯現，便成立了種種時空的種種世界，其中有眾生，也有器物，便聚合成為法界的莊嚴；如果光拿眾生來說，那就是聚合起來的群眾（我們不可把群眾完全看成是人）。

由經題的涵義，我們可以界定本經是由法相為基礎來演繹如來藏的經，種種法相，都是法界的莊嚴，連同人的心識，以及由心識所起的「心行相」，亦無例外。所以我們才說，經題實同時包含嚴飾與群眾兩種意義。然而本經雖通過法相來演繹「密嚴」，但卻不可以認為所說唯是法相學。一如我們觀修可以由法相來悟入如來藏，但如來藏的密意則不可說唯是法相。

本經經題，又強調為「大乘經」。大乘有二：一是菩薩道的大乘，稱為「菩薩乘」；一是佛道的大乘，稱為「佛乘」，或「一佛乘」。前者多據二轉法輪時所說的經典，以說空性為主；後者多據三轉法輪時所說的經典，以說瑜伽行及如來藏為主。由本經的涵義可以知道，經中既說瑜伽行的法相及唯識，又說佛性、如來藏，那便一定是三轉法輪的經典，而且，所說的「大乘」便一定是「佛乘」。

綜合來說，本經經題顯示，本經是依佛乘來說法界莊嚴的經，於中又著重說心識為莊嚴。所以經中最後一品（第八品），才歸結為「阿賴耶即是密嚴」。

卷上

密嚴道場品第一[1]

【疏】 本品成立密嚴世界，稱為「密嚴道場」。成立有三：一、成立「密嚴人」。能入密嚴世界者，除佛以外，即為「修習聖瑜伽者」及「菩薩摩訶薩」；二、成立「密嚴土」。顯現密嚴世界種種莊嚴；三、佛說密嚴法。如果把密嚴世界看成是壇城，佛便是本尊，入密嚴世界者即是眷屬，所觀修的世界即是壇城，本尊放攝光明即是說密嚴法。

【經】 **如是我聞，一時佛薄伽梵住於超越欲、色、無色、無想，於一切法自在無礙，神足、力、通之所遊戲密嚴世界，而此世界非彼外道聲聞緣覺所行之境。**

【疏】 經文開端，不同其他的經典。一般說佛在天或在人間說法，都是在識境中，本經則說在密嚴世界。

密嚴世界不同識境世界，超越了欲界、色界、無色界、無想天，那便等於超越了識境。在這個世界中，為「神足、力、通之所遊戲」，便即是說，唯有四神足（caturṛddhipāda，四如意足）、十力（daśa

1　呂勘：西藏勝友等譯《大乘密嚴建立經・密智莊嚴出生品第一》；唐地婆訶羅舊譯《大乘密嚴經卷上・密嚴會品第一》。按：藏譯此品題名：sTug po'i ris kyi ye shes kyi rgyan las byung zhes bya ba'i le'u ste dang po。

balāni）、六神通（sad abhijñāḥ）等顯現，而非一般識境的自顯現。能成這些顯現的，唯有佛與大菩薩，所以便不是外道與小乘（聲聞）的所行境，即非他們的所住境。

【經】 **與諸修習勝瑜伽者、十億佛剎微塵數等菩薩摩訶薩俱。其名曰：摧一切外道異論菩薩摩訶薩、大慧菩薩摩訶薩、一切佛法如實見菩薩摩訶薩、聖觀自在菩薩摩訶薩、得大勢菩薩摩訶薩、神通王菩薩摩訶薩、曼殊室利菩薩摩訶薩、金剛藏菩薩摩訶薩、解脫月菩薩摩訶薩、持進菩薩摩訶薩而為上首。皆超三界心意識境智意成身，轉於所依，成就如幻首楞嚴法雲三摩地，無量諸佛手灌其頂，處離三有住蓮華宮。**

【疏】 佛跟堪入密嚴世界的菩薩，及「諸修習勝瑜伽者」同在這世界中。是即除了證智的大菩薩外，即使僅是修習「勝瑜伽」的人，都可以與佛同在此世界。這便是佛的密意。密嚴世界中人，以修習密嚴的瑜伽為底綫，因此在後面的經文中，便有多番勸請色界諸天王修習瑜伽，說這樣便可以得入密嚴世界。不只這樣，正由於修習勝瑜伽便可以入，才能在經文最後，說阿賴耶即是密嚴。這樣，便隱含了「轉依」的意思。關於轉依，下文當說。

入這世界的大菩薩，應該注意到兩個名號：「摧一切外道異論菩薩摩訶薩」與「一切佛法如實見菩薩摩訶薩」，這代表成為大菩薩的基本條件，是即離外道異論，如實了知佛法。大菩薩有三大：智大、斷大、願大。離外道即是斷，知佛法即是智。

這些菩薩能入密嚴世界，是能夠適應四種局限：1、成「意成身」（mano-maya-kāya，意生身）；2、超越了三界的心、意、識境，已成轉依；3、「成就如幻首楞嚴法雲三摩地」（十地菩薩的三摩地）；4、得諸佛灌頂，是故能離三有得住蓮花宮為處。這便亦即是相礙緣起中的任運圓成，由於圓成是故可入這世界。

【經】 **爾時，如來應正遍知，從現法樂住自覺聖智甚深境界，微妙奮迅無量眾色之所現顯三摩地起，出帝弓電光妙莊嚴殿，與諸菩薩入於無垢月藏殿中，昇密嚴場師子之座。**

【疏】 佛入三摩地。這三摩地由現法樂而住佛自內證智，由此智境，於是有無量色法，微妙顯現，奮迅顯現，亦即離粗色而顯現，離障礙而成顯現。由經文這樣描述，便可以知道這其實是說智境與識境雙運的境界，也可以說是如來法身與如來法身功德雙運的境界。

佛出「帝弓電光妙莊嚴殿」（帝弓即是彩虹），入「無垢月藏殿」，前者喻清淨識境的光明，後者喻智境法身光明。兩種光明比較，以無垢月光為勝義，此中便有入密嚴世界的密意可知。這密意不可言說，但能體會，能體會即得勝義清涼。

【經】 **世尊坐已，觀察四方，從眉間珠髻光明莊嚴，出於無量百千淨光，圍繞交映成光明網。是光網流照之時，一切佛剎莊嚴之相分明顯現，如一佛剎。餘諸佛土，嚴飾細妙[2]同於微塵。密嚴世界超諸佛國，遠離星宿及以日月，如無為性不同微塵[3]。**

此密嚴中佛及弟子，並餘世界來此會者，皆如涅槃及以虛空非擇滅性。

【疏】 世尊由眉間放光召眾，準備說密嚴法。放光時一切佛剎莊嚴相顯現在這密嚴世界，這便是「多即是一」，亦即是芥子可以含須彌。還不只這樣，一切佛剎的莊嚴只是自性微細，莊嚴世界是無為性的世界，所以沒有星宿日月，一切莊嚴都以無為為性，無識境事物的微塵性。由此可以說「密嚴世界超諸佛國」，因為無為超越有為。例如西方極樂世界，有寶樹有水等，即是有微塵性的莊嚴。

被釋迦放光所召來的會眾，連同「密嚴中佛及弟子」，都入涅槃的境界，入「虛空非擇滅性」。虛空表示如來法身，非擇滅無為（apratisaṃkhyā-nirodhāsaṃskṛta）表示離緣起，正因為離緣起，所以才說是無為。

2 呂勘：藏譯此語云「自性微細。」 按：藏譯比漢譯為佳，「嚴飾微細」只是事相，「自性微細」則是本質。

3 呂勘：勘藏譯，此句應云：「無為為性，故不現極微塵性。」

【經】 **爾時，世尊現彼世界佛及菩薩威神功德勝妙事已，復以佛眼遍視十方諸菩薩眾，告一切佛法如實見菩薩摩訶薩言：如實見，今此世界名曰密嚴，是中菩薩悉於欲、色、無色、無想有情之處，以三摩地力生智慧火，焚燒色貪及以無明，轉所依止得意成身，神足、力、通以為嚴飾。無竅隙、無骨體，猶如日、月、摩尼、電光，帝弓、珊瑚、紇利多羅、黃金瞻蔔、孔雀、華、月鏡中之像，如是色身住於諸地，修無漏因，由三摩地而得自在，十無盡願及以回向，獲殊勝身來密嚴剎。**

【疏】 佛對「一切佛法如實見菩薩摩訶薩」說密嚴眾。

密嚴眾在欲、色、無色、無想有情處，由定力斷除色貪、無明，由是得轉依，成意生身，於是具有神足、力、通。所謂轉依，在這裏是說轉捨色貪、無明，依止意生身，因此可以說是轉染依而成淨依。

意生身「無竅隙、無骨體」，那是當然的事，因為只是菩薩的意成身。意成身的光明在經中用十種光明喻來形容，即是日的鏡中像、月的鏡中像等等（此中摩尼即是如意寶，紇利多羅有人說是萬花筒，黃金瞻蔔是黃金枝葉的樹）。說如鏡中影像的光明，而不是這十種事物本身的光明，那便是不現微塵性的光明，是即密嚴的密意。藏譯本品以「密智莊嚴」為題，密智便即密意。

這些菩薩本來是色身，由修無漏因（以「名言句義盡」為因），得定（samādhi，三摩地）自在，又以十無盡願及以回向之力，才能成意生身來密嚴世界。「十無盡願」一句，補充了前文所說大菩薩的三大，前文只說智大、斷大，這裏是說願大。可見經文極其細緻。

【經】 **爾時，一切佛法如實見菩薩摩訶薩，從座而起，偏袒右肩，稽首佛足，右膝着地，合掌白佛言：世尊，我於今者欲有所問，唯願如來應正遍知哀許為說。佛告如實見言：善哉善哉，恣汝所問，當為汝說令汝心喜。**

爾時，一切佛法如實見菩薩摩訶薩承佛開許即白佛言：世尊，唯此佛刹超越欲、色、無色，及以無想有情界耶？

佛言：善男子[4]，從此上方過百億佛刹，有梵音佛土、娑羅樹王佛土、星宿王佛土。過如是佛土，復有無量百千佛刹，廣博崇麗，菩薩眾會之所莊嚴。彼中諸佛，咸為菩薩說現法樂、住自覺聖智、遠離分別、實際真如大涅槃界究竟之法。是故當知，此界外有如是等無量佛刹。

如實見，匪唯汝今於佛國土菩薩眾會，心生限量請問如來，有此菩薩摩訶薩名曰持進，曾於佛所生限量心，便以神通昇於上方，過百千俱胝乃至殑伽沙等諸佛世界，不能一見如來之頂，心生希有，知佛

4 呂勘：藏譯次有句云：「非唯此土爾也，餘土亦有。」今譯缺文。

菩薩不可思議，還至娑訶世界名稱大城，來於我所悔謝已過，讚佛功德無量無邊，猶如虛空，住自證境來密嚴剎。

【疏】 如實見菩薩問佛，是否唯有這樣一個密嚴剎土。佛答有無量佛剎同樣莊嚴，亦同樣有佛說密嚴法。這是顯示如來法身無量。

佛又略說密嚴法的大意：1、現法樂。這是強調須生起大樂然後才能通達世俗；2、住自覺聖智境界。這是須得內自證智；3、遠離世間的分別見，即是遠離名言句義；4、於大涅槃界見真如、實際。

佛更說不應「心生限量」來看佛境界，並舉持進菩薩為例，說他起初認為佛的境界有限量，經觀察後，終於向佛懺悔，且讚佛功德與證智。這讚佛，便即是讚如來法身及法身功德，也即是讚如來藏。如來藏周遍一切時空一切界，是故無有限量，而且不落邊際（無量無邊）。

【經】 **爾時，會中金剛藏菩薩摩訶薩，善能演說諸地之相，微妙決定，盡其源底，從座而起，偏袒右肩，頂禮佛足，右膝着地，合掌白佛言：世尊，我於如來應正遍知，欲少諮問，唯願哀愍為我宣說。佛言：金剛藏汝於我所欲有問，如來應正等覺隨汝所疑為汝開演。**

爾時，金剛藏菩薩摩訶薩承佛許已而白佛言：世

尊[5]，佛者是何句義，所覺是何？唯願世尊說勝義境示法性佛，令除過去未來現在修菩薩行者，於諸色相積集之見，及餘外道異論執着，行分別境，起微塵、勝性、自在、時、方、虛空、我意，根、境和合如是諸見。復有計着無明、愛業、眼色與明，是時復有觸及作意如是等法而為因緣、等無間緣、增上緣、所緣緣，和合生識執着，行者起有無等種種惡覺。於我法中，復有諸人於蘊有情墮空性見。為斷如是妄分別覺，唯願世尊，說離五種識所知相，能於諸法最自在者、佛大菩提所覺知義，令得聞者，如其了悟所知五種而成正覺。

【疏】 金剛藏問佛兩個問題：1、佛是覺者，然則，何謂覺？何謂所覺？2、甚麼是聖者的勝義境？甚麼是這境界中的法性佛（種姓）？

依《大日經》，金剛藏即是金剛薩埵，名為第六佛（五方佛之外的佛），所以經中說他能知十地的各地相。他提出這兩個問題，是為令修菩薩行的人得去除三種執着：1、執着於色相；2、執着外道見；3、有了上面兩種執着，在觀修觀行時便可能由分別而成種種執着，如執着於微塵、勝性、自在、時、方等為有，如是種種皆為外道的名言句義。

由於執着便可以生出惡見：第一類是將無明等計着為真實有。此如計十二因緣，愛業即是因緣中的愛，眼色與明即是眼之所受；第二類是由緣生建立

5 呂勘：藏譯此處問云：「世尊，所云佛者覺與所覺其義云何？唯願世尊開示勝義聖者之境，法性之佛種姓。」今譯文略，佛種姓即後文之佛種。

心識為有，這時五心所的觸、作意、受、想、思等心理狀態都成為因緣，於是將一切心識或說之為有（緣生有），或說之為無（依緣生推論為無）；第三類是入唯空邊，成惡取空。

要斷除這些執着與惡見，便先要離由眼識等五種識所知相，是即離由五種識而起的概念。佛之所覺即離名言句義，所以便請佛開示所問的兩個問題。

【經】 **爾時，佛告金剛藏菩薩摩訶薩言：善哉善哉，金剛藏，十地自在超分別境，有大聰慧，能欲顯是法性佛種、最勝瑜祇。匪唯汝今於佛菩提所覺之義，生希有念請問於我，有賢幻等無量佛子，咸於此義生希有心，種種思擇而求佛體。如來者是何句義？為色是如來耶？異色是如來耶？如是於蘊界處諸行之中，內外循求不見如來，皆是所作滅壞法故。蘊中無如來，乃至分析至於極微皆悉不見。所以者何？以妙智慧定意諦觀無所見故、蘊粗鄙故、如來者常法身故。善哉，佛子，汝能善入甚深法界，諦聽諦聽，善思念之，當為汝說。金剛藏菩薩摩訶薩言：唯然受教。**

【疏】 佛讚金剛藏能問：1、法性佛種；2、最勝瑜祇。

法性佛種即是眾生心識中都有佛性，這佛性可以說為「法身佛種姓」，所以說名為如來藏；最勝瑜祇即是能修最勝瑜伽者，瑜祇（yogin）意為瑜伽士、觀行者。能入密嚴世界的人，便是修最勝瑜伽，且能現觀自己具有法性佛種的瑜伽士。金剛藏於後文中多處勸修最勝瑜伽，即是由這一問發端。

佛說不只金剛藏想問「佛菩提所覺之義」，有無數佛子亦想問這些問題：由甚麼概念建立如來，如來是否有物質身（色），抑或是跟我們不同的物質身？但他們在蘊處界中遍觀如來，甚至分析為極微都不可得見，所以佛便開示佛身到底是甚麼一回事。因為金剛藏「善入甚深法界」，對佛說當容易理解。

【經】 **佛言：善男子，三摩地勝自在金剛藏，如來非蘊亦非異蘊、非依蘊非不依蘊、非生非滅、非知非所知、非根非境，何以故？蘊處界諸根境等皆鄙陋故[6]，不應內外而見如來。**

且色無覺知、無有思慮，生已必滅，同於草木瓦礫之類，微塵積成，如水聚沫。

受以二法和合而生，猶如水泡。瓶、衣等想，亦二和合因緣所生，猶如陽焰，譬如盛熱地氣蒸涌，照以日光，如水波浪。諸鳥獸等為渴所逼，遠而望之生真水解。

想亦如是，無有體性，虛妄不實。分別智者如有性，見各別體相名字可得；定者審觀猶如兔角、石女兒等，但有假名，如夢中色，唯想妄見，覺悟非

---

6 呂勘：藏譯此句云：「無思慮故。」

有。無明夢中見男女等種種之色，成於正覺即無所見。

行如芭蕉中無堅實，離於身境即無體性。

識如幻事，虛偽不實。譬如幻師若幻師弟子，依草木瓦礫示現色像，幻作於人及諸象馬，種種形相具足莊嚴。愚幻貪求非明智者。識亦如是，依餘而住，遍計分別，能取所取二種執生，若自了知即皆轉滅，是故無體同於幻士。

【疏】 留意佛在開示前，先稱呼金剛藏為「三摩地勝自在金剛藏」，即是說他能「善入甚深法界」，即是由於在最勝瑜伽（密嚴定）中得自在。這便顯示，說最勝瑜伽便是說入密嚴世界的前提。

一切色法都粗鄙，不是如來法身所住境界，所以不依於蘊處界。是即內不依於「根」與「知」，外不依於生滅等現象境。

人由五蘊來說自己的所住所依，因此佛便接着說五蘊都不是佛所住境。色無覺知，微塵積成，所以說為如水聚沫；受由內識與外境二法和合而成，所以說猶如陽燄；想亦由二法因緣和合而成，落於分別見的人，則見這和合有如自性，在觀修中則只見無有自性，唯有假名，如兔角、石女兒。亦猶如夢，夢醒即無所見，所以「成於正覺」即無所見；行則不能離開身，無身見即無行見，猶如芭蕉身空；識則如幻，依能取所取而成分別，有如幻事。

如果五蘊中無佛，便不能說有佛住於粗陋的色境，亦不能住於具分別的識境。

【經】 **金剛藏，如來常住恆不變易，是修念佛觀行之境名如來藏[7]；猶如虛空不可壞滅，名涅槃界亦名法界。過現未來諸佛世尊，皆隨順此而宣說故。**

【疏】 佛對金剛藏說何為如來，說為「恆不變易」，比喻為「虛空不可壞滅」。這便亦即是「金剛藏」（vajra-garbha）性。

「金剛」的表義在《無修佛道》[8]中說：「噫！彼空性之虛空，乃生起一切情器世間之基。此如影像以鏡為生起之基，不能另於鏡外建立；又如月影以水為生起基，不能另於水外建立；又如彩虹以天空為生起基，不能另於天空外建立。」因此金剛藏性便等於如來法身性，如來法身本來不可以說有性，施設為空性，比喻為虛空，而且佛說，只能用虛空來比喻如來法身。

由是建立金剛七法：「虛空既不能損其分毫，是故無瑕；既不能剋制之或摧毀之，是故無壞；既住而成世間一切明相展現之根基，是故無虛；既不受過

7 呂勘：藏譯此處句讀微異，「以如來是觀行境」為一句，「名如來藏者，是涅槃界如空不滅」為一句，與下頌文「定者觀如來」句合。按：依藏譯整理全句經文，即是「如來常住恆不變異，以如來是觀行境，名如來藏者，是涅槃界如空不滅。」這便說得更清楚，即是由觀行境可得如來法身性，這便是如來藏。所以說如來藏是涅槃界、是法界。筆者希望說如來藏的人都了解這個意思，如果了解，就不會否定如來藏。

8 見拙編《甯瑪派次第禪》（香港：密乘，1998）及改訂版《無修佛道》（台北：全佛，2009）。

失或功德所變，是故無染；既離變易，是故無動；既能遍入最極微塵聚，是故無礙；既無有能壞之者，故虛空為無能勝。」[9]這亦即是用言說來說如來法身。

佛說，「修念佛觀行之境」，這即是說由「念修四支」修最勝瑜伽的究竟境界，即可證入涅槃，名「如來藏」。在這裏略說念修四支。

念修四支即念修、近念、成、大成四支，在《口訣見鬘》中對這四支有所解說——

> 「念修」者，即了知菩提心。復次，諸法無始以來乃等覺之自性，證悟此非由道而成就，亦非由對治而改作。
>
> 「近念」者，即知自我為本尊。復次因諸法無始以來即為覺者之自性，故雖證悟自我亦即本尊，但卻非如是即為成就。
>
> 「成」者，即生起般若也。復次，證悟大般若佛母者即虛空界，而顯現為地、水、火、風四大種，即無始以來施功用行之般若。
>
> 「大成」者，即方便與智慧之關聯。復次，五大般若佛母之智慧，於虛空之空性中與五蘊之佛、方便之父，無始以來無願雙運，由此關聯，菩提心與幻化二者如姊妹之自性，即無始以來覺之義理，幻化與幻化遊戲，且即於勝樂

9 見上揭書。

> 幻化之相續喜樂時，無相之義與不可得空相等，即通達而任運成就，復調伏四魔、成就究竟義。[10]

「念修」即是觀修；由念修而至超越觀修境，但只接近超越，便是「近念」；「成」即是超越；「大成」即是究竟超越。

由「虛空不可壞滅」的比喻，亦即由金剛七法，便可以說「名涅槃界亦名法界」。在這裏涅槃界和法界便即是如來法身，密嚴世界即在此法身上顯現，顯現為智識雙運的境界。

【經】 **若如來出世若不出世，此性常住，名法住性、法界性、法尼夜摩性。金剛藏，以何義故名尼夜摩？遠離後有一切過故。又此三摩地能決定除後有諸惡，以如是故名尼夜摩。若有住此三摩地者，於諸有情心無顧戀，證於實際及以涅槃，猶如熱鐵投之冷水，棄於有情故。**

諸菩薩捨而不證，所以者何？捨大精進大悲諸度，斷於佛種。趣聲聞乘，行於外道邪見之逕，猶如老象溺在淤泥，為三摩地泥所沉沒。味定境界亦復如是，退轉一切諸佛法門，不得入於究竟之慧。是故菩薩捨而不證，近住而已。

【疏】 說如來出世、不出世，這金剛七性都常住，所以名

10 收拙《甯瑪派四部宗義》附錄（台北：全佛，2008）。

「法住性」、「法界性」、「法尼夜摩性」。這是施設三個名言來說如來，無論顯現（出世）或不顯現（不出世），都不能說沒有這如來性，所以便建立為恆常。如來藏當然亦有恆常性，現在批評如來藏的人，說如來藏違反無常，顯然是錯見。

尼夜摩（niyama）意思是決定。觀修行人得「如來法身常住」這個決定，便是悟入「法尼夜摩性」。這個決定有他的功能，可以遣除「後有諸惡」，即是出觀修境界、觀行境界，進入生活境界時，有這個決定就不會在生活中失去觀修所得的心境。但是，當行人住入這個決定時，卻有一個毛病，那便是刻意離開有情，但求「證於實際及以涅槃」，這樣一來，便失去世俗菩提心而成「捨大精進大悲諸度，斷於佛種」，這即同於聲聞、同於外道，佛喻之為「猶如老象溺在淤泥」，沉沒於自己的定境中，所以，這些得尼夜摩性的菩薩，不能究竟，只是「近住」。

【經】 **以究竟慧入佛法身，覺悟如來廣大威德，當成正覺轉妙法輪，智境眾色而為資用。入如來定，遊涅槃境，一切如來令從定起，漸次加行超第八地，善巧決擇乃至法雲。受用如來廣大威德，入於諸佛內證之地，與無功用道三摩地相應，遍遊十方，不動本處，而恆依止密嚴佛剎。金剛自在具大變化，示現佛土而成自在。轉於所依智三摩地，及意成身，力、通具足，行步威德猶如鵝王。**

譬如明月影遍眾水，佛亦如是。隨諸有情普現色相，於諸眾會，所益不空。復令當詣密嚴佛剎，如其性欲而漸開誘，為說一切欲界天王自在菩薩，清淨摩尼寶藏宮殿諸安樂處，乃至諸地次第，從一佛剎至一佛剎，示現富樂功德莊嚴，盡於未來隨機應現，猶如成就持明仙等，及諸靈仙宮殿之神。與人行止而不可見，如來變化所為事畢，住於真身，隱而不現亦復如是。

【疏】 本段經文說菩薩如何才能得入密嚴佛剎。

首先是得入如來法身。如何得入？便是現證如來法身功德（經言：「覺悟如來廣大威德」），得此功德之後，便能由智境上顯現的識境來「轉妙法輪」，如佛所轉（說為「當成正覺」）。於是便可以「入如來定，遊涅槃境」，然而這時尚未成佛，所以一切如來，令行者起定，修加行入第八地（不動地）。這便是由六地至八地之所為。

由第八地修至第十地（法雲地），便能受用如來法身功德而「入於諸佛內證之地」。這時雖仍未成佛，但已能與觀修的定相應而入密嚴剎土，可見能入密嚴剎土的菩薩都已入十地。不過，佛亦現種種色身，在種種聚會中，如會眾之性、如會眾之欲（「如其性欲」）而開引。為欲界天王等說法，這時候，會眾見佛，便如見「成就持明仙」或「諸靈仙宮殿之神」。這便是如來的大悲。前文說菩薩無此大悲便只能近住，所以這裏便說大悲之所為。

這段經文，已說入密嚴剎土的觀行，下文屢屢勸修密嚴定，即是勸修此處之所說。

【經】 **爾時，世尊而說偈言 ——**

根蘊如蛇聚　境界緣所觸[11]
無明愛業生　熏習縛難解
心心所惡覺　纏繞如蟠龍
怒毒因之興　悖如炎盛火
諸修觀行者　常應如是觀
捨諸蘊法故　一心而不懈

【疏】 頌文說，觀修者應觀如何令諸法盡。

將蘊處界成立為有，都實由因緣和合而見為有。一見為有，即有無明、愛染於心識中生起，且便有心與心所種種分別，心識所覺，完全落於名言與句義而覺，是即「惡覺」。

【經】 **如於虛空中　無樹而有影**
風衢及鳥跡　此見悉為難
於能造所造　色及非色中
欲求見如來　其難亦如是
真如實際等　及諸佛體性

11 呂勘：藏譯云：「緣所起。」按：藏譯合，漢譯不合，由因緣和合，於是起蘊處界等境，而不是觸此等境。

內證之所行　　非諸語言境
涅槃名為佛　　佛亦名涅槃
離能所分別　　云何而可見

【疏】 既蘊處界盡，亦不能見如來，比喻為：虛空中無樹，不能見樹影，亦不能見風吹過的痕迹，亦不能見鳥飛過的痕迹。因為不能由造作中見如來，亦不能由識及非識中見如來。

這就說明，諸佛體性只是「內證之所行」，所以筆者說如來藏時，一再強調，如來藏只是佛內自證智的境界。如果將這境界視為個體，由是說為無常，那便是極大的誤解。必須了知這點，才能說「涅槃名為佛，佛亦名涅槃」，因為如來既是境界，涅槃亦是境界，都是「內證之所行」境。這不可思議，非世間言說境界，自然離世間的能所分別。對世間來說，若無能所，如來即不可見。

然則，如來是否非有？下頌即說。

【經】 **碎末於金礦　　礦中不見金**
智者巧融鍊　　真金方可顯
分剖於諸色　　乃至為極微
及析求諸蘊　　若一若異性
佛體不可見　　亦非無有佛
定者觀如來　　勝相三十二
苦樂等眾事　　施作皆明顯
是故不應説　　如來定是無

有三摩地佛　善根善巧佛[12]
一切世勝佛　及正等覺佛
如是五種佛　所餘皆變化
如來藏具有　三十二勝相
是故佛非無　定者能觀見
超越於三界　無量諸佛國

【疏】 如來法身不可見，並不等於非有。比喻為金在礦中，金雖不能見，但金其實是有，所以如來法身是「非有非非有」。

如來說有五種佛：三摩地佛、善因佛、根善巧佛、一切世勝佛、正等覺佛，分別相應即是法身、報身、化身、金剛身、現證菩提身。這說法與一般的說法不共。

說如來藏有三十二勝相，便是說如來藏即為法身，可以示現為五種佛。

【經】 **如來微妙剎　淨佛子充滿**
定慧互相資　以成堅固性
遊於密嚴剎　思惟佛威德
密嚴中之人　一切同佛相
超越剎那壞　常遊三摩地

【疏】 本頌說密嚴世界中人。菩薩入密嚴界，是由定慧雙運而成堅固。入密嚴界後，仍須觀修如來法身功德

12　呂勘：藏譯此句云：「善因佛、根善巧佛」，與舊譯合。

（佛威德），由是才能現證如來法身。

說到這裏，便已經有兩重雙運：前文說「覺悟如來廣大威德」，那是以如來法身功德為勝義，蘊處界等世間顯現為世俗；在這裏，是以如來法身功德為世俗（因為這功德可以成立世俗），以如來法身為勝義。兩重雙運，後者超越前者。

這樣，便須要說到如來內自證智境界（說為如來定），下頌即說。

【經】 **世尊定中勝　眾相以莊嚴**
得於如夢觀　顯現於諸法
眾謂佛化身　從於兜率降
佛常密嚴住　像現從其國
住真而正受　隨緣眾像生

如月在虛空　影鑑於諸水
如摩尼眾影　色合而明現
如來住正定　現影亦復然
譬如形與像　非一亦非異

如是勝丈夫　成於諸事業
非極微勝性　非時非自在
亦非餘緣等　而作於世間

【疏】 所謂「世尊定中勝」即是如來法身，因為是內自證智境界。由此境界如夢而顯現諸法，是即智境中有諸法隨緣自顯現，這說的就是如來藏境界。

說佛化身由兜率天降至人間，其實佛的法身常住密嚴世界，住於真實境界中作正受用，在識境只是隨緣自顯現。如月住於虛空，隨緣自顯現而成水中月；亦如摩尼寶，可明現一切影，摩尼寶卻無變異。

所以說，如是勝丈夫於世間作事業，非依極微勝性而成，亦不落於時等局限，所以自在。但在世間顯現亦須隨緣，所以說「**亦非餘緣等**」。

上頌說如來法身，本頌說如來法身如何顯現於世間，也就是世間一切法都是如來法身事業。下頌即說此因與果。

【經】 **如來以因性　莊嚴其果體**
隨世之所應　種種皆明現
遊戲三摩地　內外無不為
山川及林野　朋友諸眷屬
眾星與日月　皎鏡而垂像
如是諸世間　身中盡包納
復置於掌內　散擲如芥子
佛於定自在　牟尼最勝尊
無能作世間　唯佛之所化

【疏】 以如來性為因，成就世間一切法，這便是果，亦是法身莊嚴。這樣的顯現，有如明鏡顯現鏡影。

世間一切法可以說是包含在如來法身中，所以如來因性是「含藏因」，並不是「生成因」。為了顯示一切法不以如來為「能作」，便說「復置於掌內，散擲如芥子」，這亦即是說，如來法身並不眷戀識境，不以識境為「所作」。

無能作所作，即是「佛之所化」。所以，如來法身恆常，識境則不恆常。佛說「無常」，只是說識境。因此說如來藏恆常並無違反佛無常之說，如果因此便指責為「真常」，那便等於否定如來法身，將如來法身亦視為識境。

【經】 **愚翳無智者　惡覺惑所縛**
著於有無論　見我及非我
或言壞一切　或言於少分
如是諸人等　常自害其身

佛是遍三有　觀行之大師
觀世如乾城　所作眾事業
亦如夢中色　渴鹿見陽焰
屈伸等作業　風繩而進退
佛於方便智　自在而知見
譬如工巧匠　善守於機發
亦如海船師　執柁而搖動[13]

【疏】 世間愚人無智，被自己的惡覺所惑，然後又被惑

13 呂勘：藏譯此下布施品第二，文殊問佛何法能使眾生離流轉苦，佛說以財法二施又車蓋幢衣施食床座等五施，可使眾生離苦云云，今譯缺文。按：今已將此品繙譯，見附錄一。

縛，那麼，就會落於「有無論」中，將如來法身計有計無，將識境中一切法計有計無，這樣便說為我或非我。或說一切壞滅，或說少分壞滅，前者唯空，後者是落於彼此的他空。[14]

如來法身與如來法身功德周遍一切界，所以喻為「觀行之大師」，因為在密嚴定中的觀行，亦周遍一切界。這樣的觀行便是佛的後得智，依後得智觀世間，如乾闥婆城、如夢中所見色、如渴鹿見陽燄，這便可以說為是佛的「方便智」。因為自在，所以比喻為屈手伸手便成作業，又如放風箏，隨着風繩進退。其後更有二喻，如工巧匠善弄機關，如海船師善於執柁。這兩喻則是比喻如來不是作者。

【經】 **無邊最寂妙[15]　具足勝丈夫**
利根者能證　鈍根者遠離
是修行定者　妙定之所依
一切定慧人　明了心中住

佛體最清淨　非有亦非無
遠於能所覺　及離於根量
妙智相應心　殊勝之境界
諸相妄所現　離相是如來

能斷諸煩惱　於定無所染

14 參考拙《龍樹二論密意》上篇〈密意說空〉，收入本叢書系列。

15 呂澂：藏譯此下入密嚴品第三，又舊譯此頌云：「如來最微妙，寂靜無有邊，超諸有著根，淨根之所證。」與藏譯合。

無動及所動　住於無染路
微妙諸天俱　乾闥修羅等
眾仙及外道　讚歎常供養
於彼不驚喜　心無所動搖
由瑜伽本淨　是故超彼岸

【疏】只有利根者才能證入「非有非非有」的佛體（境界）。因為這種境界不是識境中的「能覺所覺」可以覺知，亦超越了識境中依根識來立量的邏輯。如果用言說來表達這境界，只能說「離相是如來」，既然離相，所以便無染無動，是即金剛七法的境界。

說這種境界，為天龍八部及諸仙外道所讚歎供養，這即是說能調伏他們。為甚麼可以調伏，因為這是本來清淨的觀行，是一個自然而然的境界，由是可以超越生死而得涅槃。

【經】**以化佛現跡　為人天示業**
佛非彼此現　猶如於日月
住於圓應智[16]　**離欲現人間**
異類諸外道　隨宜悉調伏
種種眾智法　王論四吠陀
悉是諸如來　定力持而說
現國王朝會　及諸國法令
山林修道處　悉皆佛示化

16 呂勘：藏譯此句云：「住於瑜伽境。」

【疏】 化佛示現，是為天人及人示現如來法身的作業。而且化佛示現並不是一物一物地示現（「**佛非彼此現**」），不像耶和華，要在七日之中逐一造作，佛是住於「**圓應智**」中，亦無所欲而即能示現。所謂「**圓應智**」，就是任運圓成相應的智。如來法身有現分、明分兩種功德，一切諸法就自然可以依靠兩種功德來任運圓成。

這種示現，亦用於調伏「**異類諸外道**」。除此以外，一切法智以及外道的經典，亦都是識境相，所以亦是依如來法身而成。甚至世間的國王朝會，與及諸國法令，以至隱居山林的修道，都可以看成是佛的示現。

【經】 **十方眾寶藏　出生清淨寶**
悉是天中天　自在威神故
三界善巧慧　種種諸才智
所作方便業　因佛而成就
持鬘為群品　業行者示因
戲笑眾善巧　常說歌詠論
或現降兜率　天女眾圍繞
歌舞交歡娛　日夜常遊集
或現如魔王　寶冠以嚴首
執世之所繩　與奪而招放

【疏】 承接上頌，說及世間的器物，譬如「**十方眾寶藏**」等，是如來示現；世間的聰慧及由聰慧之所作，亦是如來示現；降生為化佛，當然是佛的示現；即使是魔王，同樣是如來的示現。

【經】 雖於一切眾　現為明智者
常在密嚴中　寂然無動作
此大牟尼境　凡愚妄分別
如人患翳目　如鹿見陽焰
如世觀於幻　夢中諸所取
天中天境界　佛子悉具真
由見殊勝故　如從於夢覺

那羅伊舍梵　珊那單妙喜
童子劫比羅　首迦等示想
或亂彼境界　不見正瑜伽
當來苦行仙　過去及現在
習氣覆心故　悉亦不能知

【疏】 佛示現為出眾的人，但法身依然在密嚴世界無動。這種境界，不是愚妄分別者能知，他們落於「如人患翳目、如鹿見陽焰」等迷惘相。只有菩薩（佛子）才能見到這境界。

接着說諸天等亦不能了知這境界。所說的諸天，那羅（那羅延天，Ñarāyaṇa）、伊舍（大自在天，Īśana）、梵（梵天，Brahma）、珊那單（娑旦那天，Ṣaḍānana）等是欲界、色界諸天；妙喜（難陀，Nanda）是七頭龍王；童子（鳩摩羅天，Kumāra）是初禪梵天；劫比羅（Kapila）是發明數字的天神；首迦（金星，Śukra）是火神，他們落於自己的概念，因此不能見密嚴瑜伽。三時的苦行仙因為習氣覆心，亦不能了知這樣的境界。

這即是說，必須觀修勝瑜伽，不能靠天賦。

【經】 **善哉金剛藏　普行諸地中**
復以佛威神　而居密嚴土
此之金剛藏　示現入等持
正定者境界　由此相應故

或有妄分別　勝性與微塵
如工匠製物　種種相差別
生唯是法生　滅亦唯法滅
妄計一切物　細塵能造作
譬如燈顯物　因能了於果
初無所得相　後壞亦復然
非於過去中　有體而可得
未來亦如是　離緣無有性
一一諸緣內　遍求無有體
不見有無性　亦無無有見
分別微細我　有情瓶衣等
邪宗壞正道　三百有六十[17]

17 呂勘：藏譯次有二十九頌，詳說智者觀法如夢無生滅等，離色無色禪，住無相瑜伽，乃入佛地，此與楞伽所說大同，今譯文缺。按：細查北京版、德格版、拉薩版、那唐版藏文大藏經，均非如呂澂所說，以下有二十九頌。實僅缺半頌：「渴鹿見陽焰，如夢如乾城」，藏文：ri dags skom gdungs smig rgyu bzhin / rmi lam dri za 'dra ba ste //。呂澂所見二十九頌或在別經別處，梵筴容易混亂。

往來生死中　　無有涅槃法

【疏】 這一長段偈頌，是比較金剛藏與無智者。

金剛藏的金剛七法周遍（「普行諸地中」），而且具足如來法身功德（「佛威神」），所以能住密嚴剎土，在密嚴定中能見此境界。

無智者則不然，他們分別「勝性」及「微塵」（如勝論師、數論師），因此將一切法的顯現，看成有如「工匠製物」。這樣一來，便將生滅現象看成是一個實體法的顯現與不顯現。

智者依因果，所以便由因可以知果，譬如由燈可以顯物。因既然無相，所以果亦定然無相；本來無所得相，所以亦無相可壞，並不是先前有相，其後無相便說為壞，這樣才是了知有性無性。

對密嚴世界作最後總結，分別我、有情、瓶衣，無論如何建立言說，建立得非常微細，例如勝論（Vaiśeṣika）建立六句義、十句義；數論（Sāṃkhya）建立二十五諦，分別得非常微細，由於只在識境中建立，未能出世間，所以就只能說為「邪宗」，不能說為「正道」。如是種種外道共有三百六十，都只永落輪迴生死，不得涅槃。

入密嚴微妙身生品第二[18]

【疏】 本品（連同餘品）說妙生身，是相對於下一品的胎生身來說，由金剛藏為法主，以三次答問來說三種妙生身。所謂妙生身，即是微妙的淨生身，所以說跟凡夫粗重的染生身相對。

金剛藏的三次答問是 ——

1、答如實見菩薩，先說密嚴境，再說修入密嚴，更說入密嚴並非由有所壞滅而成轉依，最後更說入密嚴後六種菩薩行。這是為第一種妙生身而說。這種妙生身藉觀行瑜伽，能捨粗重身而成意生身，這便是初地至十地菩薩的成就。

2、答普賢眾色等菩薩，由否定有能作者，說世間現象由阿賴耶識作，一切唯住於心。這就顯示了第二種妙生身，同時說明，為甚麼觀行密嚴勝瑜伽可得此身。

3、答諸天及諸大菩薩，說密嚴是智境與法境雙運（智識雙運境界），如來在這境界中可示現微妙變化，便成第三種妙生身。

第一答見於卷上本品，二、三兩答見於卷中餘品。

18 呂勘：藏譯不分品，舊譯妙身生品第二。

【經】 **爾時，一切佛法如實見菩薩摩訶薩，無量威力、世中自在、寶冠瓔珞莊嚴其身，從座而起，右膝着地，白金剛藏而作是言：尊者善能通達三乘世間，心得無違現法樂住內證之智，為大定師，於定自在，能隨順說諸地之相，常在一切佛國土中，為諸上首演深妙法。**

是故，我今勸請佛子，說諸聖者不隨他行，現法樂住內證之境。令我及諸菩薩摩訶薩眾得見斯法，安樂修行，趣於佛地，獲意成身及言說身，自在、力、通皆得具足，轉所依止，不住實際，猶如眾色真多摩尼，現諸色像，能於諸趣天王宮殿，及一切佛密嚴國中說密嚴行。

【疏】 如實見菩薩問金剛藏，先稱讚他的智與法，這便說明，唯有通達智識雙運如來藏的大菩薩，才堪能回答關於密嚴瑜伽的問題。

如實見有兩問：1、問密嚴境。說為唯修密嚴（不隨他行）、住於「現法樂、住內證」的境界。現法樂是如來法身功德，可以成就世俗；住內證即是內自證智境；2、問如何修入密嚴，得無住涅槃（「轉所依止、不住實際」），及得微妙身與示現身（言說身）。

【經】 **爾時，金剛藏菩薩摩訶薩以偈答曰——**

善哉天人主　菩薩中殊勝
請說入密嚴　無我之法性

應覺分別境　　心之所取相[19]
若捨於分別　　即見世分別[20]
了於世所緣　　即得三摩地
我今為開演　　仁主應諦聽

【疏】　答密嚴境，先說分別相，因為若無分別，便可以說一切世間都是密嚴。分別由「我」而起，有「我」便有能取所取，所以先須通達無能所，便能通達無我無分別。這樣，行者便能住入法性而見世間的分別如幻，同時了知世間所緣境而入密嚴定。

下來各頌即有詳說。

【經】　**熱時見陽焰　　世間相亦然**
能相所相因　　無而妄分別
能覺生所覺　　所覺依能現
離彼則無此　　如光影相隨
無心亦無境　　能所量俱無
但依於一心　　如是而分別
能知所知法　　唯心量所有
[21]**所知心既無　　能知不可行**

【疏】　見世間現象只如見陽燄水，所以現象便只是依能相（虛妄分別）而成的所相，這即是「世間相」的因。由是可以決定，世間相無有，唯由虛妄分別而

19　呂澂：藏譯云「自性相」，舊譯同。

20　呂澂：藏譯云「世自性」，舊譯同。

21　呂澂：藏譯此二句意云：「所知既唯心，能知心非有。」

成為有。

我們覺知世間相，是由能覺（心識、「所知心」）依於所覺（心行相），所覺又依於能現（現象），三者相依，所以只須知道其中一個不真實，便能知道全盤都是虛妄分別。

我們可以決定「所知心」不真實。為甚麼？這於下頌即說。

【經】 **心為法自性　有性所擾濁[22]**
八地得清淨　九地獲靜慮
覺慧為十地　灌頂證如來
法身得無盡　是佛之境界
究竟如虛空　心識亦如是
無盡無所壞　眾德以莊嚴
恒在不思議　諸佛密嚴土

譬如瓶破已　瓦體而[23]顯現
瓦破微塵顯　析塵成極微
如是因有漏[24]　而成無漏法
如火燒薪盡　復於餘處燃
證如[25]得轉依　遠離於分別
住於不動智　密嚴中顯現

22 呂勘：藏譯此句云：「補特伽羅等動搖。」舊譯大同。又藏譯次有半頌云：「若時心遍計，能所分別斷。」

23 呂勘：藏譯作「因」，舊譯同。

24 呂勘：原刻作「為」，今依舊譯及藏譯改。

25 呂勘：藏譯缺「證如」二字，舊譯同。

無生現眾色　　不住諸世間
能斷一切見　　歸依此無我
相續流注斷　　無壞亦無生
能盡一切見　　歸依此無我
諸惑皆已滅　　寂靜不思議
能淨一切見　　歸依此無我

世間種種法　　本來無我性
非由擊壞無　　乃喻之所顯
如火燒薪已　　於中自息滅
觀察於三有　　無我智亦然
是名現法樂　　內證之境界

依此入諸地　　淨除無始惡
捨離世所依　　出世而安住
其心轉清淨　　恒居密嚴土

【疏】 心的本體是本來清淨的真心，其所見即是本來真實的真如，其自性即是如來法身本性，在這裏，便稱之為「**法自性**」，意思是「法身自性」、「法智自性」、「法界自性」，由於身、智、界三無分別，所以才說為法自性。

於心緣外境時，心識功能顯現為見分與相分，這時，心還未起虛妄分別，及至由於無明而執着於二取與名言，那便會將相分妄執為真實，由是而成「分別事識心」。一切分別實都從建立為有的有性而來，八地菩薩能「分別盡」，是得清淨；九地菩薩能住入這清淨中，亦即能在法性中入平等持，是得靜慮；十地菩薩由定而起本覺，是得覺慧，於是受諸佛灌頂，證智成如來。此時實並非由有所盡而成，亦非由有所壞滅而成，只是心識如虛空，於大平等中證入本來清淨，於清淨中證入本來平等，清淨平等無二，是即如來的自然智、根本智。

於此中，亦可以說是現證如來藏。說法身無盡如虛空，是空如來藏；說無盡無壞，眾德莊嚴，是不空如來藏。如來藏的不空，是因為有功德令識境顯現，所以說「**心識亦如是**」，是即說如來藏真心亦可令識境變現。

自然智即如來藏，便即是現證如來本性，現證一切法本質如幻。一切法自性即是如來本性，那便稱為「**轉依**」，轉捨虛妄的分別事識心，依止清淨平等無二的真心。頌中的瓶破喻是喻成轉依前的所治，火燒喻是喻能治。

然而，如來法身並非斷滅，因為有法身功德，所以有識境顯現，頌文說為「**無生現眾色**」，而法身則「**不住諸世間**」。這正是說一切法的「本性自性」。由知本性自性即「**能斷一切見**」（見斷即無分別），頌文依此便說「**無我**」；其後更說心相續斷流（住於一心），由見盡而成無我；說一切惑滅（離戲論），由見淨而成無我。這樣便歸結而決定「**世間種種法，本來無我性**」。

由無我說證智。此說為「無」，並非如瓶破喻的由擊壞而成無，只是如火燒喻，由火燒薪盡而成為無，其後如火「復於餘處燃」而更除微細障，證無我智。得無我智即現法樂，是為佛內自證智境界。

最後一頌半，以滅「無始惡」（無始以來的習氣）為因，心清淨而入密嚴為果。這段頌文，由觀修證本性自性空而入密嚴，至此說畢。由此可見唯執緣生只是法執，並非能入密嚴的無所住。持法執即落瓶破喻，無法執即如火燒喻。

【經】 **爾時，如實見菩薩摩訶薩及諸王等，向金剛藏咸作是言：我等今者皆欲歸依，唯願示我歸依之處。**

【疏】 前文說以見斷、見盡、見淨故應歸依無我，因此菩薩與諸天王等便問歸依處。

【經】 **於是金剛藏菩薩摩訶薩以偈答曰 ——**

佛體非有無　已焚燒蘊樹
超勝魔王眾　而住密嚴國
所覺淨無垢　仁主可歸依
遠離於覺量　證於無所有
密嚴諸定者　仁主可歸依
淨勝密嚴剎　眾聖所依處
觀行者充滿　應歸於密嚴

【疏】 金剛藏以密嚴三寶說歸依處。

佛降四魔 ——

佛體非有非無，即無煩惱魔；焚燒蘊樹，即無蘊魔；超勝魔王，即無天魔；住密嚴國，即無死魔。且所覺清淨，所以應該歸依密嚴世界中佛。

佛法非依量而證覺，實由現證無所有，亦即由遠離分別而證，唯此才能清淨無垢，所以應該歸依密嚴法。

密嚴剎土為諸聖依處，說「密嚴諸定者」即非二乘觀修，所以應該歸依密嚴僧。

最後一頌是歸依三寶總集的密嚴剎，是為無上歸依處。

【經】 **當觀於世間　如畫有高下**
夢中見美色　石女急誕生
亦如乾闥城　火輪空中髮
如種種幻形　人馬華果樹
幻師所變化　一切悉非真
如奔電浮雲　皆偽而非實
如匠作瓶等　由分別所成

【疏】 說三歸依後，便須說如何觀入密嚴世界，如無觀入便不成歸依。

要觀入密嚴，先須觀入世間，亦即行者須由世俗入勝義。今觀世間，由十個比喻來說其虛偽。畫有凹凸，其實平坦，喻虛妄分別；夢中美色，其實無有，喻顛倒執着；石女生兒，只如夢想，喻以心轉境而成有；乾闥婆城，無非光影，喻取虛相為實相；如旋火輪，只有一火，喻由妄識取分別相；如空中髮，翳眼所見，喻由妄見取虛妄相；如種種幻，幻師變化，喻能取識不真實；奔電浮雲，刹那生滅，奔電喻速滅，浮雲喻無常；如匠作瓶，因緣而成，喻執緣生為實自性。

以上十喻，成立世間唯是虛妄分別。

【經】 **仁主應諦聽　世間諸有情**
習氣常覆心　生種種戲論

末那與意識　並餘識相續
[26]五法及三性　二種之無我
恒共而相應[27]　如風擊暴水
轉起諸波[28]浪　浪生流不停
賴耶亦如是　無始諸習氣
猶如彼暴流　為境風所動
而起諸識浪　恒無斷絕時

八種流注心　雖無若干體
或隨緣頓起　或時而漸生
取境亦復然　漸頓而差別
心轉於舍宅　日月與星宿
樹枝葉花果　山林及軍眾

26 呂勘：藏譯次三句云：「五法之自性，轉識所行者，無我二莊嚴。」

27 呂勘：勘藏譯缺此句，今沿舊譯衍文。

28 呂勘：原刻作識，今依舊譯及藏譯改。

於如是等處　皆能漸頓生
多分能頓現　或漸起差別

若時於夢中　見昔所更境
及想念初生　乃至於老死
算數與眾物　尋思於句義
觀於異文彩　受諸好飲食
於如是境界　漸次能了知
或有時頓生　而能取之者

【疏】 習氣覆心，生起分別，成種種戲論。此即第七末那識與意識及餘五識（七轉識）相續，由是可轉起五法、二無我。五法即是相、名、分別、正智、如如，前三者為染，後二者為淨；二無我即人無我、法無我。所以心識實有染淨兩種功能：若習氣覆心落於戲論，心相續便成染；不落戲論，心相續便清淨。

如風擊水，轉起波浪。境風擊起習氣暴流，便由阿賴耶識轉起七種識，於是心識便依自種取物取境而成世間。取物有頓有漸，由心識與外物相依，便能轉成宅舍、日月等。這便是以心轉物。以心轉境亦有頓有漸，此如夢中見少年事，便能生起少年境，同時生起少年時的名言句義。這二者都可以說是緣生，內識與外物外境相依，由是生起心的行相。

為甚麼淨染二法都由七轉識轉起，轉起時又有頓有漸呢？

轉起世間本來是如來藏心的功德，名為「心法性」，但只有這功德則不成生起，還須隨種種緣。如果以無分別心（名言句義盡的心）為緣，便能顯現為淨法；如果以虛妄習氣心（無明）為緣，便能顯現為染法。說二無我，是淨法，但必有人我與法我相依成立，否則便不能說此二者為無，此二者成立是即染法。所以七識所轉的五法及二無我，都有染淨的差別。

至於頓漸，是說八識同一體性，由心法性轉起行相，是為同體。但由分別事識取相時，便有頓漸的差別。譬如見一人，可頓時即知是人，但若要分別為好人壞人，即須心識由漸轉起。無論頓漸，都須知道是八識一體，這樣，才能說如來藏心可隨緣生起諸法，否則，若由頓取相，由漸取境，便可能誤認生起種種相的是不同體的心識，這樣，便對八識作分別，由是便永不能入密嚴知見。

下頌所說，便跟這裏說染淨、頓漸有關。

【經】 **心性本清淨　不可得思議**[29]
是如來妙藏　如金處於礦
意生從藏識　餘六亦復然
識六種或多　差別於三界
[30]**賴耶與能熏　及餘心法等**
染淨諸種子　雖同住無染

29 呂勘：藏譯此頌云：「仁主心叵思，自性常光明，是如來胎藏，如在礦中金。」

30 呂勘：藏譯次二頌云：「一切種賴耶，與習氣心俱，由染而清淨，自心常光明。如是如來姓，定不定清淨，常從住而起，如海中波浪。」

佛種姓亦然　　定非定常淨

如海水常住　　波潮而轉移
賴耶亦復然　　隨諸地差別
修有下中上　　捨染而明顯

【疏】 如來藏顯現為識時名阿賴耶識，此識本來清淨無染，所以說「自性常光明」（參註29），喻為如金處於礦中。但由阿賴耶識生起七轉識，便因落於分別而成「能熏」，熏習種子，或染或淨，這便有如礦石覆蓋黃金。然而無論礦石是淨是染，黃金始終是黃金。

這樣，七轉識雖然在三界中有差別，這差別，若依名言句義來認識，便成虛妄分別，若離名言句義來認識，便只是了別或區別。因此，便須知道阿賴耶識的本質實在是清淨。這一點很重要，否則眾生便無法成佛，亦不能說阿賴耶識便是密嚴世界。這裏，我們再依藏譯來說明阿賴耶識無染。

藏譯（見註30）：「一切種賴耶，與習氣心俱。由染而清淨，自心常光明。如是如來姓，定不定清淨，常從住而起，如海中波浪。」即說阿賴耶識本質清淨，只是因為與習氣相俱而顯現為污染，本質不變，所以當由染而清淨時，即見光明，說為常光明，這便即是如來種姓。凡夫的阿賴耶識，從所住或現為染、或現為淨，有如海中波浪起伏。這便是說淨性如水，其實常住，不因顯現成波浪而有改變。這便有如佛種姓（如來藏），顯不顯現都常恆清淨（頌文「定非定」，說佛菩薩所住是正定，外道凡夫所住為非定）。

以上說觀入世間畢，下文轉入另一主題，說觀入密嚴世界。

【經】 **金剛藏復言　如實見菩薩**
見聞覺悟者　自性如實慧
十方一切國　諸王眾會中
汝已從我聞　隨應廣為說

【疏】 現在廣說密嚴。

這一節頌文依次說四義：1、說觀入密嚴及其利益；2、說轉依入密嚴；3、說由修定得在密嚴世界出生（入密嚴）；4、說密嚴世界的殊勝。

【經】 **若人聞法已　漸淨阿賴耶**
或作人中王　轉輪四天下
或復為帝釋　兜率蘇焰摩
乃至化樂宮　欲界自在主
或生色界處　或生無色天
無想有情中　靜慮受安樂
證真而不住　猶如師子吼
於諸定自在　法喜以相應
一心求密嚴　不染著三界
至於密嚴已　漸次而開覺

轉依獲安樂　寂靜常安住
無量諸佛子　圍遶以莊嚴
為法自在王　眾中之最上

【疏】 說觀入密嚴的利益。

只聞密嚴法而未觀入密嚴，已有利益，那便是可以生為轉輪王或三界天王。這時人王或天王若能修密嚴定，得自在時，便相應而生法樂，可以漸次證入十地。所謂漸次，即是漸次證悟二無我，於是阿賴耶識漸次清淨，此時二取與名言漸盡。若「一心求密嚴」，更「不染著三界」，便能入密嚴世界，漸次開覺成佛。所謂「開覺」，即是漸次離名言句義，因為十地菩薩都有每地的名言句義。至名言句義盡，即成「轉依」，為「法自在王」。

【經】 **非如外道說　壞滅為涅槃**
壞應同有為　死有復生過
十業上中下　三乘以出生
最上生密嚴　地地轉昇進
得解脫智慧　如來微妙身
云何說涅槃　是滅壞之法

[31]涅槃若滅壞　有情有終盡
有情若有終　是亦有初際
應有非生法　而始作有情
無有非有情　而生有情界

31 呂勘：藏譯二句互倒，意謂有情盡則涅槃滅也。

有情界既盡　　佛無所知法
是則無能覺　　亦無有涅槃
妄計解脱者　　而説於解脱
[32]**如燈滅薪盡　　亦如芭蕉種**
彼證解脱性　　是壞有成無
於解脱妙樂　　遠離不能證

【疏】　說入密嚴不是壞滅（所以才叫轉依）。

外道說一切法實有，要由修治力令世間一切法盡無，然後得涅槃，譬如說世間法盡然後見梵性；又如聲聞，要入滅盡定然後得涅槃。這樣，由壞滅而成的涅槃便同於有為法。此外，又有死而復生的過失，行者壞滅一切而入涅槃，即有如死；證涅槃後仍在世間，那就是死而復生。有這兩種過失，所以說「壞滅為涅槃」不合理。

三乘由觀行十業分上中下，菩薩乘最上，可由地地觀修得解脫智、成微妙身而入密嚴，所以並非壞滅入涅槃。

接着由推理來計壞滅的違反邏輯，這是一連串的推理：涅槃由壞滅而成，有情便終於有終盡的一日；如果說有情有終，便須要說有情有始，因為無始則無終；如果有情有始，那麼，於有始之前必無有情，除非有「非生法」能生有情，否則便須要由一個非有情來生起有情的始祖。這合理嗎？不合理，

32　呂勘：勘藏譯及舊譯下二句云：「譬如種已燋，燈滅及薪盡。」今譯倒訛。

因為依常識，從來沒有「非生」可以生，亦不可能有由非有情界生有情界的事。

復次，由因果亦可證明這說法不合：沒有有情便沒有佛，因為佛要依世間法而覺（jñeya），所以有情盡佛即無所知。這樣一來，便既無覺者，亦無涅槃，成佛的因果受到破壞。

是即可作決定：說由壞滅得涅槃的人，是由妄計而說解脫，他們將解脫看成是功能的盡，如蕉種不能種、油盡燈不燃、薪盡火不燒。

佛家的涅槃無所壞滅，只是菩薩的地地修治漸進而成的內自證智境，然則，菩薩如何修治呢？下面大段諸頌即說。

【經】 **遍處及靜慮　無色無想定**
逆順而入出　力通皆自在
於彼不退還　亦不恆沉沒
了達於法相　諸地得善巧
如是而莊嚴　當來密嚴剎

若言解脫性　壞有以成無
斯人住諸有　畢竟不能出
既壞三和合　因等四種緣
眼色內外緣　和合所生識
世間內外法　互力以相生
如是等眾義　一切皆違反

【疏】 前一段頌文是說修定入密嚴。下一段頌文則說，但求壞滅有法，便違反密嚴法，是故不能生於密嚴世界。

修入密嚴定是觀修「遍處」、「靜慮」、「無色定」、「無想定」等。

所謂遍處，是十遍處。分別觀修地、水、火、風、青、黃、赤、白、空、識十者周遍法界。各別名為地遍處以至識遍處等，即名遍處定。

靜慮是修四禪八定。色界四禪，稱為初禪、二禪、三禪、四禪。修四禪可以斷色界惑；無色界四定，稱為空無邊處定、識無邊處定、無所有處定、非想非非想處定。修四定可以斷無色界惑。這裏面已經包括無色定與無想定。

順逆觀修有五種，都是修四禪八定的次第。

1、順修：由初禪、二禪向上修至非想非非想處定。

2、逆修：由非想非非想處定，向下修至初禪。

3、順超：由初禪，超越二禪而修三禪，再由三禪，超越四禪而修空無邊處定，至無所有處定為止。

4、逆超：由非想非非想處定，超越無所有處定而修識無邊處定，再由識無邊處定，超越而修四禪，修至二禪為止。

5、順逆超：這個觀修比較複雜，現在用圖來表明。

初禪 → 三禪 → 二禪 → 四禪 → 三禪 → 空無邊處定 →

四禪 → 識無邊處定 → 空無邊處定 → 無所有處定 → 識無邊處定 → 非想非非想處定。

非想非非想處定 → 識無邊處定 → 無所有處定 → 空無邊處定 → 識無邊處定 → 四禪 → 空無邊處定 → 三禪 → 四禪 → 二禪 → 三禪 → 初禪。

這是一個很有功能的交替修習，地上菩薩雖然不修四禪八定，但他們的反覆修習其實亦是依這五種順逆來作。

由這些觀修得力、神通等。不退還即是修至八地，不沉沒即是不只住在地上，還求向上，這樣即能出地、入地、住地自在，是即稱為諸地菩薩的善巧，由是可以住入密嚴。

以上說修定入密嚴畢。

由以上所說的觀修，可以知道十種學人的所為，都只是超越，並非壞滅，因此便有下段頌文。

一切諸法都由緣生而成為有，即由三和合與四緣而成為有（存在與顯現）。這裏說的三和合，是根、境、識，例如眼根、色境、眼識；四緣是由此三和合牽動意識、末那識而成因緣、等無間緣、所緣緣、增上緣，由是成立一系列複雜的心理活動。一切諸法即依這心理活動而成顯現，或成概念而存在。在這裏，只是將一切法成為因緣有，並沒有建立成實體有。既然不是實體，就無可破壞。

因此，如果說要破壞了有，成立無，然後才能解脫，那就是根本不知事物與概念如何成為有。用邏輯推理而成有，只是依自己的偏見來成立。現在依因緣由心識來成立有，無非說明客觀的事實，並無作意（例如建立邏輯），所以不是偏見。這樣就可以得出結論，由壞滅而說解脫，根本不可能解脫，因為他們自己實在已經住入識境，住入一個自己建立而成的偏見。這便是頌文所說的「斯人住諸有，畢竟不能出」。

由是得決定見：只有依緣生理來觀修才能解脫。緣生是成立識境的基本原則，只能超越，不能破壞。

【經】 **若知唯識現　離於心所得**
分別不現前　亦不住其性
爾時所緣離　寂然心正受
捨於世間中　所取能取見
轉依離粗重　智慧不思議

十種意成身　眾妙為嚴好
作三界之主　而生於密嚴
色心及心所　不相應無為
於內外世間　諦觀各別異
如是諸智者　來於密嚴國

名相與分別　正智及如如
[33]**牟尼三摩地　體性皆平等**
應當往密嚴　佛所稱讚土

33 呂勘：藏譯此二句云：「由住真實際，於自證行境，勝者及勝子，瑜伽薩埵者。」

【疏】 這段頌文，說如何得住入密嚴的法樂（正受）。

一切法，包括具體的現象與抽象的概念，都唯識變現，亦即離心識便不成顯現，所以一旦不成為心之所得，或說一旦不成為心的所取，即由於無有能取便不成分別，而且無性可以成立。因為一切法的性實由能取建立，此如心識以火為所緣境，便依所取的光與熱而建立火性。

這時候，由無所緣即無分別，於是心的分別事識寂滅而得「正受」，是即住入法樂。然而，無所緣並不是無所見，只是離名言句義而見。一旦得住法樂，即由離世間心識的能取所取而證智。是時即起轉依，轉捨能所分別識（離粗重），依止無分別的智識雙運法樂智。這境界不可思議。

意生身即住於法樂。十地菩薩每地有每地的意生身，所以說為「**十種意成身**」。相好莊嚴，無心與心所，亦無與心不相應的法，是即心識已住於智境（因為已轉識成智），證入無為（離世間因果）。不過，意生身卻不是捨棄了世間，他所見為內，世人所見為外，內則見世間為依於如來法身的識境，外則見世間為心識分別境，所以說有別異。

這別異，恰如五法的別異，是即淨與染的別異。住入密嚴的菩薩（藏譯稱為「**瑜伽薩埵者**」），雖見為別異，但在佛及菩薩的勝瑜伽中，同時見諸法體性平等。

【經】 **若壞三和合　　及以四種緣**
不固於自宗　　同諸妄分別
惡習分別者　　彼之五種論
譬喻不成立　　諸義皆相違
[34]**彼五悉成過　　惑亂覺智恨**
著喻及似喻　　顛倒不顛倒
如是虛妄執　　一切依此壞
捨離於自宗　　依止他宗法
初際等諸見　　皆從滅壞生

【疏】 說不依自宗即成惑亂，不得住法樂。

行者由名言句義盡而離所緣，入無分別，即是「自宗」，觀修及觀行都須依這自宗來作抉擇及決定。如果不守自宗，便會因抉擇及決定錯誤而成虛妄分別，由是便會說一切法都應有一個起始（「初際」）和終結（末際），這錯誤的根源，即在於誤認須有所壞滅才得入涅槃。

然則，甚麼是錯誤呢？依錯誤的邏輯否定三和合與四緣，這樣就否定了緣生。不識緣生，便會依生滅現象說必然有初際與末際，一切虛妄分別即由此起。

三和合與四種緣已見前說，和合亦是因緣，所以一切法實依緣生而成為有（存在與顯現），這是見一切法有的正見。若不依緣生而說有，如外道的數論師、勝論師由邏輯來成立有，那便成錯誤。為甚麼

34 呂勘：藏譯此句云：「乃成五種過，謂壞宗、因不成、喻顛倒等。」

說是錯誤呢？若不依緣生而作五支邏輯推理（五論），於宗、因、喻、合、結五支中，喻的一支必然錯誤。例如以樹葉在夜間會卷曲，作為樹有心識的喻，這喻便不能成立，因為這是離緣起來觀察現象。五支中若有一支不成，其餘四支便都不能成立。

頌文至此，說觀入密嚴畢。

【經】 **大王應當知　有情在三界**
如輪而運轉　初際不可得
如來以悲願　普應諸有情
如淨月光明　無處不周遍
隨彼先業類　應機而說法
若壞於涅槃　佛有何功利

【疏】 由本頌起說轉依入密嚴，也就是說轉識成智。

頌文強調如來法身功德周遍，由功德令世間成立，所以有情沒有初際，只是隨緣自顯現，這是究竟決定。佛雖當機說法，作種種異門的言說，但都不壞涅槃，亦即不壞究竟決定。現在要說轉依，亦依此決定而說。

【經】 **增上有三種　解脫亦復然**
四諦及神足　念處無礙解
四禪無色住　根力及神通

覺支諸地等　有為無為法
乃至眾聖人　皆依識而有

苦法忍法智　苦類忍類智
集智四亦然　滅道亦如是
如是十六種　名之為現觀

學人數有十　第八七返有
家家一往來　一間而滅度
中般與生般　有行及無行
上流於處處　然後般涅槃
如是一切種　諸智之品位
修行觀行者　下中上不同
菩薩增上修　功德最殊勝[35]

【疏】 說轉依，先說人與法都依於識。人是觀行者，法是現觀法，觀便依識。所以說：「有為無為法，乃至眾聖人，皆依識而有。」

先說法依於識。

戒、定、慧三種增上；解脫、般若、法身三種解脫；苦、集、滅、道四諦；法、義、詞、辯四無礙解；四禪住無色定；以至三十七菩提分，如四念處、四神足、五根、五力、七覺支等，都依識而有。

稱為智的法亦依識而有。如苦有四智：苦法忍、苦法智、苦類忍、苦類智，餘集、滅、道等亦同，是

35　呂勘：藏譯，次有「獨覺為中，聲聞為下」二句。

共十六智。如果說每諦各有三智：苦法忍、苦法智、苦隨生智，是共十二智。

更說人依於識。

學人有四聖位，由下至上為預流（srota-āpanna，須陀洹）、一來（sakṛd-āgāmin，斯陀含）、不還（anāgāmin，阿那含）、阿羅漢（arhat）。其證入無漏的時位各有不同，分述如下——

預流要經七返，亦即七度在人天往來，每在人天往來為一度，是即經十四生而成佛。

一來要經一次人天往來，然後在人界或天界證無漏果，所以名為一往來。在人天往來即稱為家家，意思是從人家至天家。家家有多種，如在人天中須往來兩次，稱二生家家；往來三次，則稱三生家家；如最後於天中，得阿羅漢果位，名天家家；若於人中得阿羅漢果位，則名人家家，如是種種。

不還須經一次生天，然後證阿羅漢果，則名一間。

此外，不還位有五種般：1、中般，由欲界生於色界，於色界入中有身時得涅槃；2、生般，聖者入色界後，斷除無色界惑而入涅槃，亦即生時即入涅槃；3、有行般，聖者生於色界，由觀修加行而得涅槃；4、無行般，聖者生於色界，未勤修加行，但已能斷無色界惑而入涅槃；5、上流，聖者生於色界，依次入色界諸天，至色界頂之色究竟天，可以處處入色界、無色界諸天得涅槃。

阿羅漢已斷盡色界、無色界種種惑，證入涅槃，不在學人之列。

以上是小乘九種未證涅槃的學人（七返、一往來、家家、一間、中般、生般、有行般、無行般、上流），加上菩薩，即是十種學人。十種學人中以菩薩最為超勝，因為他們都修觀行，所以亦依於心識。

由於人、法都依於識，所以轉識成智，即能成聖者。

【經】 **十一與十二　[36]及以於十六**
此諸修定者　復漸滅於心
[37]所盡非是心　亦非心共住
未來心未至　未至故非有
心緣不和合　非此非彼生
第四禪無心　有因不能害
有因謂諸識　意識及五種
妄想不覺知　流轉如波浪

定者觀賴耶　離能所分別
微妙無所有　轉依而不壞
住密嚴佛剎　顯現如月輪
密嚴諸智者　與佛常共俱

36 呂勘：藏譯云：「五三十五等」。按：應為「三五十五智」。

37 呂勘：藏譯次有二句云：「過去則已滅，心自性光明。」下文「心緣不和合」作「現在不和合」，蓋此段就三世辨心也。

恆遊定境中　一味無差別
難思觀行境　定力之所生

【疏】聖者修十一智、十二智或修十五智（參註36），於是心識中的無明與習氣漸滅，智則漸成。依藏譯解釋（參註37），心滅，並不是由智滅去心識，但智亦不與心識共住，這便是過去、現在、未來心都不可得。所以說「漸滅於心」無非只是言說，實際上只是雖有心識為因，但這個因對修智已無影響（不可得），在言說上便說為心識漸滅。這裏說的心或心識，是專指阿賴耶識而說。

如果凡夫不修智，便可以說是由心識為因，由轉識生起妄想。

這裏說的十一智，是四諦四智，加上法智、比智、等智、他心智、盡智、無生智、如實智。

十二智，是四諦的每諦各有三智，以苦諦為例，即有苦法忍、苦法智、苦隨生智。所以總四諦而言，便成十二智。

兩本漢譯更說十六智，這便是四諦每諦各有四智，如前已說，即苦法忍、苦法智、苦類忍、苦類智，所以總四諦而言，便成十六智。不過，似乎依藏譯比較合理，因為藏譯所說的智與轉識成智有直接關係。

依藏譯為「三五十五智」，便即是三種五智，共成十五智。三種五智是：

1、大日如來的五種智：即由第九庵摩羅識所轉的法界體性智（dharma-dhātu-svabhāva-jñāna），由第八阿賴耶識所轉的大圓鏡智（ādarśa-jñāna），由第七末那識所轉的平等性智（samatā-jñāna），由第六意識所轉的妙觀察智（pratyavekṣaṇā-jñāna），由餘五識所轉的成所作智（krtyānusthāna-jñāna）。

2、佛所得的五種智：即佛智、不思議智、不可稱智、大乘廣智、無等無倫最上勝智。

3、聖者所證的五智：即法住智、涅槃智（泥洹智）、無諍智、願智、邊際智。

這一段說修智，其實即是說轉識成智，於修智中，無明習氣滅而心識則不滅，若心識滅時，行者便無法住於世間，所以才說「轉識成智」，而不是說「滅識成智」。說明這點，才能成立本經的決定見：阿賴耶識即是密嚴。

「定者觀賴耶」這段頌文，是承接前文而說。由轉依來看阿賴耶識，阿賴耶識不壞，只是能所分別盡，這只是一種心理狀態的消失，實無一法壞滅。住入密嚴的聖者，依然有阿賴耶識，所以阿賴耶識在定境中與佛常在，與佛「一味無差別」。這個境界由定力而成。

【經】 **王應常修習　相應微妙定**
欲界有六天　梵摩復十二
無色及無想　一切諸地中
若生密嚴國　於彼為天主
欲求密嚴土　應修十種智
法智及類智　他心世俗智
苦集滅道智　盡智無生智

【疏】 欲界諸天王如果修定（修阿賴耶識成轉依），即可作三界天王。

三界天王謂欲界六天（六道各一天），或說梵摩十二天（除天道外之五道欲界天，及四天王天、忉利天、燄魔天、兜率天、化自在天、他化自在天、魔天等）；色界之四禪天共十八天（不詳列）；無色界四處天。

頌文說，在密嚴國中可以為諸天天主，那便即是說，密嚴國其實包括三界諸天，所以應該理解密嚴國即是整個法界。在法界中，未轉依的人，心識依然住在他們自己的世界，若已轉依，便說心識住在密嚴。

要令心識轉依，這裏說要修十種智，因為這十智其實是修習上來所說種種智的前行，如頌文所列，十智即是：法智、類智、他心智、世俗智、苦智、集智、滅智、道智、盡智、無生智。此已包含勝義智與世俗智。前說的十一、十二、十五智，則是聖者所修，部份與十智相同。

【經】 **仁主汝所生　捨軍怛羅族**
月王與甘蔗　種姓而平等
雖於彼族中　汝族最殊勝
當求密嚴國　勿懷疑退心
如羊被牽拽　喘懼而前卻

【疏】 如實見菩薩出身「捨軍怛羅族」，甘蔗是釋迦種姓，由種姓平等勸如實見修密嚴。

頌文至此，說轉依入密嚴畢。接着即依教法說生密嚴。

【經】 **末那在身中　似幻鹿而住**
亦如幻樹影　河中之葦荻
如王戲園苑　運動身支分
意及於意識　心心法共俱
此法無自性　猶雲聚非實
藏識一切種　習氣所纏覆
如彼摩尼珠　隨緣現眾色
雖住有情身　如鵝王無垢
是決定種姓　亦為大涅槃

【疏】 由本頌起說八識、三自性、二無我。這即是教法。現在先說八識。

說第七末那識（意），用四個喻：說如身中幻鹿，喻五蘊得由末那的功能而活動；說如幻樹影，喻五蘊如幻而住於幻身中；說如河中草，喻由於末那而致飄流六趣；說如王在園中遊戲，於是身動，喻末那識在眼等六識中遊戲，由是生起我與我所，如王的末那當然即是自我。

末那識執持第六意識同時起功能，便能周遍眼識等五種心法，令心法亦起功能，由是能見、能聽等。然而這些識聚雖起功能實無自性，所以喻為雲聚無實，雲有下雨的功能但無實體。

由於末那等識聚的熏習，所以阿賴耶識持諸種子且為習氣所覆，成為生死因，但這只如摩尼珠「隨緣現眾色」，珠的本質不變，因此喻阿賴耶識本質上如離染的雪白色鵝王，這即是如來種姓，亦即涅槃因。

說八識教法畢。決定由末那為主宰的七轉識起熏習，但阿賴耶實未受染。

究竟決定，阿賴耶識為如來種姓。

【經】 **名從於相生　相從因緣起**
[38]以諸形相故　而起於分別
分別由二因　外相心習氣
第七末那識　應知亦復然
諸根意緣會　發生於五識
與心所相應　住身如宮室
正智常觀察　一切諸世間
從於如是因　而生彼諸果

38 呂勘：藏譯次二句云：「相名相屬故，由諸緣分別。」

真如非異此　諸法互相生
[39]與理相應心　明了能觀見

【疏】 說五法：相、名、分別、正智、如如。

首先標定緣生來說相，這即是由能取所取而成「二取顯現」。成立了相，隨即便有名言。但這名言卻不可說是緣生，因為心識可以熏成相的種子，相卻不可以熏成名言的種子。然而相與名言相依，本來是名言依於相生（依火相才有火這名言），但一旦有了名言，便反而變成是相依名言而起（當說火時，心識便起火這行相），這樣就有了分別。這即是說，分別不只由相而起，實亦由名言而起。

以上是說所分別。

至於能分別，則是由末那識主宰的識聚，此前說八識時已說。

能觀察到相、名、分別這些相屬關係，從而知道一切分別只是心識遊戲（「如王戲園苑」），然而諸法實唯依因而成果，並非依分別而成顯現，這樣的觀察，那便是智。瑜伽者依智觀修，便能通達如如。

說五法教法畢。決定分別由相、名而起，七轉識聚為能分別。所以能離相與名，即可成智而見實相，見諸法實無分別而緣生。

究竟決定五法實在平等，顯現為染，只因落在相與名，不落即成清淨。

39 呂勘：藏譯次二句云：「瑜伽者見爾，則明達如性。」

【經】 此即是諸法　究竟圓成性
亦為妄所計　一分法不生
諸法性常空　非無亦非有
如幻亦如夢　及乾闥婆城
陽焰與毛輪　烟雲等眾物
種種諸形相　名句及文身
如是執著生　成於遍計性

根境意和合　熏習成於種
與心無別異　諸識由此生
資於互因力　是謂依他起

[40]善證自覺智　現於法樂住
是即説圓成　眾聖之境界
佛及諸佛子　證此名聖人

【疏】 由智見如如，即見諸法實相；了知諸法無分別而緣生，即見諸法的圓成性。圓成諸法雖亦常為人妄計，但這妄計實無所生起。然而亦可決定，諸法的圓成雖說有生起，亦無非是「本無」而成有，如夢如幻而有。

此說夢幻八喻，如夢喻不生、如幻喻不滅；如雲喻不常、如煙喻不斷；如旋火輪喻不一、如乾闥婆城喻不異；如翳眼見毛髮喻不來、如陽燄喻不去。由八不，便證成其為本無而成有。

但圓成諸法若一旦被加以名言句義（名、句、身），

---

40 呂勘：藏譯此句云：「自證甚微細。」

那便成為遍計。

依心識作用來看諸法生起，則是由於根、境、意識三和合而成顯現，諸識由是起用，而且相互為因，這就是依他。

這依他一旦被計為實，於計實的同時熏成種子於阿賴耶識中，因此便成遍計，以遍計為能熏。諸識由是起分別，故可說這所熏種子與阿賴耶識（此時可說為所熏心）不一不異。但這時阿賴耶識並未因藏有種子而受染，一如白雲黑雲都未污染天空。

能證圓成是諸聖者的境界，這自證智境不可思議，得法樂住。

說三性畢。決定一切法由心識緣外境時相互為因而成顯現，是即依他；對此顯現橫加名言句義，即成遍計；若能離名句身等，見依他自性的顯現，即由證智而見圓成自性。

究竟決定，見依他為世俗，勝義則是圓成。

【經】 若人證斯法　即見於實際
唱言我生盡　梵行亦已立
所作無不成　不受於後有
解脫一切苦　斷滅於動搖
熏習皆已焚　[41]劫盡猶不轉

41 呂勘：藏譯此句云：「分別皆不起。」今誤「分別」為「劫」也（二字梵文形近易誤）。

生法二無我　照見悉皆空[42]
無始來積集　種種諸戲論
無邊眾過患　一切皆已除
譬如熱鐵團　熱去鐵無損
如是解脫者　惑盡得清涼
入於無漏界　密嚴之妙國

【疏】 說二無我。

無我由見實際而現證。所謂見實際，即是見一切諸法成立的道理。依他、圓成二者都無分別，分別唯是遍計。依他只是識境中的真實，圓成則是法界中（智識雙運境界、法身與法身功德雙運的境界）的真實。依此道理，得離世間而證涅槃（我生已盡，梵行已立，所作已辦，不受後有），分別盡而證人我、法我空。

證二無我的利益，具如後二頌半所說。

說二無我畢。究竟決定，由二無我可成解脫，得般涅槃。

【經】 **此土最微妙　非餘者所及**
唯佛與菩薩　清淨之所居
三摩地現前　以此而為食
欲生斯剎者　善習勝瑜伽
復為諸有緣　分別廣開示

42 呂勘：藏譯次有二句云：「離一切種子，心聚則不轉。」舊譯大同，疑今脫落。

名本從相生　相復從緣起
從相生分別　不契圓成性
根境瓶衣等　假法共和合
分別從此生　了知而別異

若動若非動　一切諸世間
皆因癡暗生　愚冥以為體
短長等諸色　音聲與香界
甘苦堅滑等　意識之所緣
所有諸善惡　有為無為法
乃至於涅槃　斯為智之境
念念常遷轉　皆因識以生

【疏】 前一段頌文（兩頌半）先讚密嚴，然後說，下文將為有緣者廣說勝瑜伽。這實在是說觀修所關聯的決定見。如若不然，便覺得重複。

接着決定，分別不是圓成，所以修密嚴瑜伽便應先修分別盡。怎樣才能分別盡？抉擇分別從相生，相從緣起生，所以應觀修緣起。如觀根、境、瓶、衣等，它們由假法和合而成分別，便應由四重緣起來觀。瓶、衣可由業因緣起成立為有；境依心識和合，所以應觀相依緣起；當外境成立後，復與內心相對，是應觀察相對緣起，從而悟入心性與法性；根由適應相礙而生起，這便成為觀察相礙緣起的所緣。四重緣起重重超越，因此頌文說「了知而別異」。緣起不同，因此別異。

說修緣起後，由相礙緣起知如來法身功德，由是了知智識雙運境界，因此接着即說，甚麼是識境，甚麼是智境，具如頌文所說。

【經】 **末那緣藏識　如磁石吸鐵**
如蛇有二頭　各別為其業
染意亦如是　執取阿賴耶
能為我事業　增長於我所

【疏】 末那執持阿賴耶識，自然而然，所以比喻為如磁吸鐵。但這二識依然各起功能，喻為雙頭蛇，每頭獨立運作。末那的運作是執阿賴耶識為「我」，於是阿賴耶識的本淨便不顯現，只顯現迷相。

【經】 **復與意識俱　為因而轉謝**
於身生煖觸　運動作諸業
飲食與衣裳　隨物而受用
騰躍或歌舞　種種自嬉遊
持諸有情身　皆由意功力

如火輪垂髮　乾闥婆之城
不了唯自心　妄起諸分別
身相器世間　如動鞦韆勢
無力不堅固　分別亦復然
分別無所依　但行於自境
譬如鏡中像　識種動而見
愚夫此迷惑　非諸明智者

【疏】 觀察末那識的功能。

前一段頌文，說末那與意識相俱而能染。此時末那只是種種作業因，作業則由意識持自我而作。由是決定，起分別是意識的功能。

後一段頌文即說分別相如何成立。由意識持自我，持妄相為我所，那便不知一切法唯心識相互為因而成顯現，起分別事執。但分別所起的世間實不堅牢，譬如動蕩的鞦韆，只能在「自我」中成立，所成立的便是如鏡影的虛妄相，愚夫即在相中成迷。

【經】 **仁主應當知　此三皆識現**
於斯遠離處　是即圓成實

【疏】 現在可以究竟決定：如前旋火輪喻妄意；鞦韆喻計着自我實無一自我可依，能取不真實；鏡像喻以心識為緣的所取不真實。

由這三喻，知心識顯現的虛妄相應離，因為都是遍計，離此即是圓成。見圓成，盡分別，且現證依如來法身功德而圓成，即能生於密嚴。

生密嚴說畢。以下說密嚴殊勝。

【經】 **持進等菩薩　及聖目乾連**
尋聲與遍觀　百千萬億剎
種種寶嚴飾　綺麗無等雙
於彼微妙境　密嚴最殊勝

極樂妙喜刹　　下方俱胝國
一切諸世尊　　皆讚如斯土
謂無有終始　　威德化自然
本昔佛所居　　超出於三界
豐樂非執受　　寂靜自無為
自利及利他　　功業悉成滿
不於欲界中　　成佛作佛事
要往密嚴土　　證於無上覺
俱胝諸世尊　　欲中施佛事
先從於此國　　化為無量億
正定常相應　　神通以遊戲
遍於諸國土　　如月無不現
隨諸眾生類　　所應而化益

【疏】 說密嚴殊勝，先說國土殊勝。說國土殊勝，由兩位神通第一的弟子來說，持進菩薩為菩薩中神通第一，聖目乾連為羅漢中神通第一。由神通才能見到「極樂妙喜刹」與及「下方俱胝國」，知道「一切諸世尊」皆讚歎密嚴。

說密嚴的殊勝，着重「自然」與「本初」。自然即非造作而成，本初即是法爾，無有始初。這即是如來法身，亦即如來內自證智境，所以形象化說為「本昔佛所居」。因為不是識境，所以說為「超出於三界」。這便是一個智識雙運的境界，此中唯有如來法身與如來法身功德雙運。頌文說為「豐樂非執受，寂靜自無為」。「豐樂」說法身功德成就世俗，「寂靜」說法身出離世俗。

由於一切識境都藉如來法身功德而成立，因此便說是「自利及利他，功業悉成滿」。然而成佛並不在於欲界，實在密嚴剎土證無上覺。

說如來法身功德所成辦的事業，此處形象化說有「俱胝諸世尊，欲中諸佛事」。如果依這形象化的言說來理解，便可能誤解如來法身功德是由各各個體思維，其實不是，只是說功德周遍一切界，因此下文便說「先從於此國，化為無量億」，以及「遍於諸國土，如月無不現」。

本段實讚如來法身功德，亦即讚其現分（生機）與明分（區別分）。法界如無生機，一切生命不得生起；法界如無區別分，事物即成混沌，思維亦成混沌。

【經】 **十地華嚴等　[43]大樹與神通**
勝鬘及餘經　皆從此經出
如是密嚴經　一切經中勝
仁主及諸王　宜應盡恭敬

【疏】 此二頌讚法殊勝。

依密嚴剎土來說法，便即是依佛密意來說法，所以一切具足密意的經，都可以說由密嚴出，形象化來說，便說《密嚴經》是「一切經中勝」。

此處舉出的經名是：《十地經》（*Daśabhūmika Sūtra*）、《大方廣佛華嚴經》（*Avataṃsaka-*

43　呂勘：勘藏譯作「樹嚴」，即華嚴入法界品也。

mahāvaipūlya-sūtra）、《聖大樹緊那羅王所問大乘經》（*Drumakiṃnararāja-paripṛcchā-mahāyāna-sūtra*）、《方廣大莊嚴經》（《神通遊戲經》*Lalitavistara-sūtra*）、《勝鬘師子吼一乘大方便方廣經》（*Śrīmālādevīsiṃhanāda-sūtra*），分別依佛密意，說菩薩的境界、佛的境界，菩薩的修行，以及如來藏。

【經】 **欲色無色界　無想等天宮**
如來迥已超　而依密嚴住
此土諸宮殿　如蓮備眾飾
是一切如來　淨智之妙相
佛及諸菩薩　常在於其中

世尊恒住禪　寂靜最無上
依自難思定　現於眾妙色
色相無有邊　非餘所能見
極樂莊嚴國　世尊無量壽
諸修觀行者　色相皆亦然

【疏】 密嚴剎土超越欲界、色界、無色界、無想界等天宮，這是因為密嚴剎土中的一切莊嚴，都「是一切如來，淨智之妙相」。對這說法，讀者亦不能依言說來加以分別，認為密嚴剎土的宮殿比三界宮殿殊勝。如頌文的言說，只是突出智境所成相的殊勝。實際上，在如來內自證智境上所顯現的一切識境，無不是智境的莊嚴，實在沒有優劣的分別。

下段頌文，一般的說法，認為是說密嚴刹土比極樂世界還要殊勝。筆者認為，頌文並非作比較，其實是顯示，即使識境顯現為「**極樂莊嚴國，世尊無量壽**」，亦只是密嚴刹土的莊嚴，也可以說是法界的莊嚴。必須要從如來藏來理解，才能明白何謂智境上的識境隨緣自顯現。西方極樂世界是報身佛的刹土，亦即是色身佛的刹土，所以亦是法界莊嚴。

【經】 **或見天中天　赫奕含眾彩**
瞻蔔雌黃色　真金明月光
孔雀頸如蓮　相思子之聚
虹電珊瑚色　或現清羸身
或著芻摩衣　或寢草茅等
或處蓮華上　猶如千日光

或見諸菩薩　頂飾盤龍髻
金剛帝青寶　莊嚴為寶冠
或見輪幢文　魚商佉等相
或見光麗色　如蜺而拖空
或以須彌山　置之於掌內
或持大海水　安於牛跡中
或現作人王　冕服當軒宇
輔佐皆恭敬　共宣於國化

【疏】 前面頌文已說刹土殊勝，現在便說刹土中佛與菩薩示現殊勝。

先說佛的示現，用種種光明來說，這是報身的示現。凡說報身必說光明，這已經是通例。至於化身，則隨着有情的淨與不淨而所見不同，不淨者見化身佛為病弱身，穿破色衣，睡茅草；清淨者則見佛坐蓮，百千光明。

更說菩薩的示現，所現都是珍寶光明色相，而且具足神通，不然則示現為人王。為甚麼見菩薩示現沒有淨不淨的分別呢？因為佛是法身圓滿智境，智境上的識境則須隨緣而成顯現，見佛的眼淨不淨亦是緣，由是所見即有不同。菩薩的示現不是佛法身示現，只是由任運而圓成，所以就可以示現為以天帝的寶珠做裝飾，或示現為輪、幢、魚、螺（商佉）等光明紋相，甚至可見其離大小內外的神通相。然而，這種示現亦是報身。

下來即接着說密嚴法的殊勝。

【經】 **或現密嚴場　寂靜修定者**
說於自證境　先佛所知法
或說得轉依　心慧皆解脫
自在三摩地　如幻無礙身
或現境不染　斷諸取著業
以智燒見薪　不受於諸有
譬如膏炷盡　燈滅而涅槃
或示修諸度　大會施無遮
持戒苦行等　種種諸儀則

【疏】 密嚴世界中得轉依的修瑜伽者，他們自證先佛所說的法智境，即密嚴法，由是超越菩薩慧（菩薩自內證）及識境，是故得住入密嚴。他們在定中得自在，可由觀修六波羅蜜多等而得涅槃，亦可以智法身不動而作種種示現來作事業。這便是觀修密嚴法的殊勝。

下頌便說由回向得示現於極樂世界。

【經】 **極樂莊嚴國　人非胎藏生**
微妙金色身　光明淨圓滿
彼眾之境界　皆悉具瑜伽
若比於密嚴　百分不及一
極樂界中人　自然隨念食
牟尼勝自在　定為甘露味
種種寶樹林　遊憩於其下
金沙布其地　顯現殊勝剎
淨妙之寶蓮　開敷功德水
如是殊勝境　不可得為喻

彼皆蓮華生　恭敬無量壽
善修三摩地　愛樂佛功德
專精回向者　悉皆生彼國
眾相以莊嚴　皎鏡無塵垢

【疏】 密嚴國中修瑜伽者，如果一心向世間回向，則皆生於極樂世界。極樂世界雖不及密嚴，但其教法則以教修如來法身功德為主（「愛樂佛功德」），這是由無相修入有相的觀修，亦可以說是如來藏的觀修。

唯修無相不能入佛乘，於無相中見如來法身功德成就任運圓成相，才能由圓成來現證法身功德，於是超越相礙緣起而證如來法身，這便是寂滅涅槃。

頌中說極樂世界種種，隨文易知，不再贅說。

說密嚴殊勝畢。以下由金剛藏現身說法。

【經】 **金剛藏說已　[44]自現於己身**
或如於指節　或復如芥子
漸細如毫端　百分之一分
或現善逝身　聲聞與緣覺
眾色及餘類　乃至種種形
各隨其所宜　而說於諸法

【疏】 至上頌，金剛藏已答如實見菩薩畢。既答畢，再現身說法。

先說現身。離相對而現，所以可現微妙細身；離相礙而現，所以可現佛身以至一切身。這便是已離緣起（無相），再自在入緣起而示現（有相）。

【經】 **[45]或說於菩薩　入諸地了知**
五法三自性　八識二無我
得於如幻定　隨意所成身
自在諸神通　十方四無畏

44 呂勘：舊譯此下錯為長行，今譯據以改成頌文，仍多錯誤。

45 呂勘：藏譯缺此頌。

住於不退轉　得淨之所依
入於佛地中　無漏之蘊界
永離餘變易　寂然而常住

【疏】說菩薩隨教行。在諸地依次證入五法以至二無我，得如幻定，究竟得大涅槃入佛地。是即轉煩惱障圓滿。

【經】**或說於菩薩　善妙而遊履**
猶夢像水月　瑜祇所行道
得首楞嚴定　十種如幻身
十無盡願圓　證成等正覺
據妙蓮華座　相好甚端嚴
無量諸佛子　恭敬而圍繞

【疏】說菩薩隨法行。依法觀修楞嚴定，得六根圓通，次第成十種意生身（如幻身），復由十無盡願圓成而證等正覺。是即轉所知障圓滿。

【經】**或說諸菩薩　願力現眾形**
遍遊於十方　歷事恒沙佛
是諸菩薩等　其身甚微妙
出入常自在　不住有無中
譬如天神仙　及諸健闥縛
依彼妙高住　或處於虛空
地行諸有情　對之而不見
如是諸菩薩　現形亦復然
非修觀行人　無能覩之者

【疏】 說菩薩隨願行。這是得意生身後隨願作事業。

【經】 **或說諸菩薩　得於勝靜慮**
處處現受生　示入無餘界

【疏】 說菩薩隨覺行（菩提心行），修勝靜慮即可現證菩提心。

【經】 **或說諸菩薩　能以於定力**
自在轉所依　不住真實際
無量有情處　隨現差別身
身雖種種殊　其心一平等
猶如於地水　亦如於日月

【疏】 說菩薩隨智行。自在轉依即證佛智，然而不住於佛道（真實際），現種種身為無量有情作事業。佛智平等，所以現身亦平等。

【經】 **或說諸菩薩　常以大悲心**
憐愍諸有情　輪迴處生死
竛竮受窮獨　貧病眾苦煎
下賤與形殘　安之不憂惱
如蜂處舶上　飄然大海中
沿泝而往來　須臾數萬里
為說非我法　生死速無常
令其知滅壞　剎那暫不住

【疏】 說菩薩隨悲行。悲憫有情說調心法，暇滿難得（生）、死決定至（死）等。由是更說二無我。

【經】 **或說於諸佛　及以菩薩等**
明見眾有情　醉在於渴愛
為分別苦逼　於無相法中
妄取種種相　計著能所取
心恒被縲紲　不能得解脫
溺生死海中　馳蕩無休息
貧賤而孤露　往來無所依
譬如大海中　蛛蝥網難住
諸佛及菩薩　如彼住船者
普憐諸有情　運出生死難
隨其若干類　為現差別身
說施戒等門　種種諸勝行

【疏】 前面已說菩薩六種行，現在總說佛菩薩為眾生作事業，這是說佛的無住涅槃及菩薩不住於道。這正是密嚴剎土的功德。

至此答如實見菩薩畢，亦即答第一問畢。

卷中[46]

入密嚴微妙身生品之餘

【經】 **爾時，大會中有普賢眾色大威德菩薩摩訶薩[47]，與其同類持世菩薩摩訶薩、持進菩薩摩訶薩、曼殊室利菩薩摩訶薩、神通王菩薩摩訶薩、得大勢菩薩摩訶薩、解脫月菩薩摩訶薩、金剛臍菩薩摩訶薩、大樹緊那羅王菩薩摩訶薩、虛空藏菩薩摩訶薩等，乃至摩尼大寶藏殿無量諸天，復有密嚴土中諸瑜祇眾，與彼無量俱胝佛剎來聽法者，聞說密嚴甚深功德，於法恭敬定得轉依，恆居此土不生餘處，咸共悲愍未來世中一切有情，普欲等慈為作饒益，各共瞻仰金剛藏菩薩摩訶薩，一心同聲以偈問曰——**

【疏】 依藏譯，普賢眾色先問轉依，是扣定阿賴耶識來問，然後下文說一切色相由阿賴耶識作，便是自所作自轉依，這亦即是如來藏的自顯現自解脫。漢譯失，同時失去密意。

「普賢眾色」這名字亦有密意。如來法身功德周遍便是「普」，一切法依這功德任運圓成便是「賢」，「賢」是賢善、完美。「普賢眾色」便是一切色的依法身功德任運圓成。

46 呂勘：藏譯卷二，舊譯分卷與今同。

47 呂勘：藏譯普賢先問云何密嚴決定轉依等三頌，次乃持世菩薩等問。

【經】 尊者具辯才　唯願見開示
世間諸色像　其誰之所作

為如工造瓶　泥輪以埏埴
為如奏樂者　擊動所成音
為如一物體　有三種自性
謂已成未成　咸在於一物
云何種種色　一物而建立

【疏】 這是第二次答問。一共兩個問題：1、世間事物由誰造作？2、為甚麼種種色相都由一物來建立？這即是問色相是否依於一物而住？

此中第一個問題又有三喻，每喻代表一類作者：即陶工喻、奏樂者喻、三自性（prakṛti 不同佛家的自性）喻，第二個問題其實即是三自性喻的伸延。

【經】 為兜率所作　夜摩所作耶
他化自在作　大樹緊那羅
善見天所作　色究竟天耶
螺髻梵王作　無色天作耶

一切天主作　自然所作耶
變化之所作　諸佛所作耶
為餘世界中　佛子之所作

【疏】 先問事物是否三界天主所作。其後更問天主所作是不立依自然而成。抑或不是天主所作，而是諸佛或他世界菩薩依變化之所作？

這個問題即問陶工喻。喻陶工依陶泥造瓶，天主則依四大造事物，一定要依物質。

【經】 **是諸作眾色　惑亂而建立**
所起於惑亂　如鹿見陽焰
譬如於瓶處　為德之所依
一切諸世間　能住於處者
非德者屬德　非德依德者
展轉和合故　眾德所集成
諸色唯惑亂　為亦有住耶

【疏】 然而問者隨即將問題歸入三自性。如果說由誰造作，只是惑亂的建立，譬如渴鹿見陽燄建立為水。於是便由瓶來建立三自性。這是數論派的學說。

瓶必須依物質造成，是其一；瓶可盛水，這功能即稱為「德」，是其二；瓶的形狀是大腹細口，有瓶壁瓶底，依此形狀才能盛水不漏，這是「德之所依」，是其三。瓶即由這三自性而成立。所以頌文說：「一切諸世間，能住於處者，非德者屬德。」那就是說，凡能顯現（住於處）的事物，必然須要建立德，亦即建立其功能。本來無功能（非德）的事物可由「展轉和合」而成為有功能。譬如山石，懂得拿來砌牆便顯出功能。

頌文最後問：惑亂無德的事物無住處（不顯現），若不依三自性，那麼，是由誰造作而成有住處（顯現）？

【經】 **為梵王所作　那羅延作耶**
雄猛及勝論　數論自作耶
勝性之所作　自在自然耶
時無明所生　愛業所作耶
天仙及世定　皆悉懷疑惑

【疏】 說梵王、那羅延天作，是奏樂者喻，這是為三自性喻作張本。奏樂要由種種樂器合奏，梵王及那羅延造物亦須依種種法（數論二十五諦，如神我等），然後事物才有三自性。如果說不是這樣，那麼是耆那教主大雄（雄猛Vardhamāna）、勝論宗師優樓佉（Ulūka，一名羯那陀Kanāda）、數論宗師劫比羅（Kapila）所自造作嗎？如果又不是，若說為勝性所作、自在成立、自然成立、時所生、無明所生、愛業所作，這些說法應為天仙及世間修定者所疑。

【經】 **為先無有體　猶如於幻夢**
亦如熱時焰　及乾闥婆城
無始妄分別　隨彼彼相續
起能取所取　如蛇有二頭
亦如起屍行　木人機所轉
空中見垂髮　及旋火輪耶

【疏】 如果不是諸法共成三自性，事物便無本體，同於幻夢。這就是由虛妄分別而成二取。二取有五喻：兩頭蛇、用咒術走屍、轉動機關、空中髮、旋火輪，都是由二取成立的假象。

問畢。依外道計，成立梵天、那羅延天造物。

【經】 **[48]爾時，金剛藏菩薩摩訶薩告普賢眾色大威德菩薩摩訶薩，及餘大眾，而說偈言——**

世間眾色像　不從作者生
亦非劫比羅　因陀羅等作
亦非祠祭果　亦非圍陀教

彼有多種因　修行不常住
亦復非無有　能持世間因

【疏】 金剛藏答：眾色無有作者，但由第八阿賴耶識所成。頌文說的「圍陀」即是吠陀（veda）的異譯，說時生、自然生、祠祭的福報果等，都是四部吠陀的教法。然而亦非無有作者，世間因即是阿賴耶識。

下文即解釋阿賴耶識所作，文意甚繁。

【經】 **謂第八丈夫　是名為藏識**
由此成眾色　如轉輪眾瓶
如油遍在麻　鹽中有鹹味
如無常遍色　丈夫識亦然

如香在沉麝　及光居日月
遠離能所作　及以有無宗
亦離於一異　一切外道過

48 呂勘：藏譯缺此段。

非智所尋求　不可得分別
定心解脫者　自覺之所證

【疏】 第八阿賴耶識能轉起七轉識，又是世間因，有如一家之主，所以稱為丈夫識。

所以能成為世間因，是因為遍在有情心識，如「油遍在麻」等。

這遍在是本然，如沉麝的香、日月的光。所以不是能作所作，亦離有無、一異，更無外道的過失。所以不能用心識去尋求分別，此唯解脫者於定中所內自證。

這是成世間因的根本。

【經】 **若離阿賴耶　即無有餘識**[49]
譬如海波浪　與海雖不異
海靜波去來　亦不可言一
譬如修定者　內定清淨心
神通自在人　所有諸通慧
觀行者能見　非餘之所了
如是流轉識　依彼藏識住
佛及諸佛子　定者常觀見

【疏】 阿賴那識為世間因的另一原因，是因為餘識依之而流轉，所以阿賴耶識不只周遍心識，實周遍世間一切法，因為世間一切法即為餘七識分別所緣。由於

49 呂勘：藏譯次有半頌云：「無能取所取，無五心心法。」

七識起用，所以便說阿賴耶識如海，餘識如浪，浪與海同住，無海即無浪。海與浪不一不異，當餘識緣事物時，阿賴耶識亦等於同時緣此事物，這就是周遍。這境界唯觀行者由「內定清淨心」才能見。

這其實即是如來藏。法身功德周遍，亦即餘七識功能周遍；法身周遍，亦即阿賴耶識周遍。

【經】 **藏識持於世　如以線貫珠**
如輪與車合　業風之所轉
陶師運輪杖　器成隨所用
藏識與諸界　共力無不成
內外諸世間　彌綸悉周遍

譬如眾星象　布列在虛空
風力之所持　運行常不息
如空中鳥跡　求之莫能見
若離於虛空　飛翔不可得
藏識亦如是　不離自他身

【疏】 阿賴耶識成就世間，並非獨力所作，必須和合而成，這裏說的便是和合，舉三個喻來說：以「線貫珠喻」，是喻阿賴耶識為線，諸識為珠；「輪與車」喻，是喻阿賴耶識為車，諸識為輪。動的是珠與輪，線與車其實不動，所以於共成和合中，動的是七轉識，不動的是第八阿賴耶識。

「陶師運輪杖」喻，是以輪杖為能作，器物為所作，陶師喻阿賴耶識，輪杖喻七轉識，八識和合而成運作。

識的運作不可見，所以說心識細微，比喻為星辰運行，運行能見，令星辰運行的力則不可見，所以人不見自己的心識如何動。又比喻為「**空中鳥跡**」，鳥跡不可見，但鳥一定要依着虛空來飛，這便喻心識於空性中運作而無痕跡，運作的結果則成顯現。兩個喻便說明了藏識的情狀。

說阿賴耶識「**不離自他身**」，亦即是說他能周遍一切法，而自身則不動，這便恰恰有如如來法身，法身不動，周遍萬物，功能則周遍萬物而起用，由是，阿賴耶識和合的狀態便猶如法身和合的狀態。

說心識和合而作畢。下來專說阿賴耶識與習氣和合。

【經】 **如海起波濤　如空含萬象**
丈夫識亦爾　蘊藏諸習氣
譬如水中月　及以諸蓮華
與水不相雜　不為水所著
藏識亦如是　習氣莫能染

【疏】 阿賴耶識蘊藏夙生以來的習氣，習氣其實亦是心識，所以喻之為波濤，阿賴耶識則喻為海；又將習氣比喻為萬象，阿賴耶識則比喻為虛空。當習氣成為無明覆蓋心識時，心識由起分別而成立世間，便有如波濤、有如萬象，然而海水與虛空則不動。

阿賴耶識的不動，比喻為「水中月」與「蓮花」。雖與無明習氣和合，但卻不受其污染。必須着重指出這一點，然後才能成立本經的主題：阿賴耶識即是密嚴。

【經】 **如目有瞳子　眼終不自見**
賴耶住於身　攝藏諸種子
遍持壽煖識　如雲覆世間
業用曾不停　有情莫能見

[50]**身者眾色成　又能作諸色**
如陶師不依　以泥成眾器

【疏】 說阿賴耶識，最後強調他的運作不能見，比喻為眼不能自見。阿賴耶識住於有情身中，有「攝藏諸種子」的功能，又名為阿陀那識（ādāna），有「遍持壽煖識」的功能，又能周遍世間（「如雲覆世間」）而起業用，但有情實不能見阿賴耶識。

（「身者」一頌為衍文，見註50）

至此，說阿賴耶識所作畢。下文答第二問的第二個問題：色相是否依一物而住？如果是，色相與一物都可以成為有。

50 呂勘：「身者眾色成」一頌，舊譯無有，此應安在陶師運輪杖上。

【經】 世間妄分別　見牛等有角
不了角非有　因言兔無角
分析至極微　求角無所有
要待於有法　而起於無見
有法本自無　無見何所待
若有若無法　展轉互相因
有無二法中　不應起分別

【疏】 金剛藏菩薩不正面回答這個問題，先說由習氣生起虛妄分別。

以牛角兔角為喻，世人說牛有角，實只依色相而說。見色相時，由習氣生起概念，由概念便建立為有。然而牛角實在非有，因為將牛角分析至極微時，連角的概念（角想）都不可得，這時便不能說牛有角。

至於兔角，世人說為無有，實在是相對牛角而說。若牛角不能成為有時，這個相對便不能成立，是即不能說兔無角。

由是決定，說有說無，只是依概念而說。落於概念，再將牛角兔角相互為因，就有「有無」的虛妄分別。

【經】 若離於所覺　能覺即不生
譬如旋火輪　翳幻乾城等
皆因少所見　而生是諸覺
若離於所因　此覺即無有

名想互相繫　習氣無有邊
一切諸分別　與意而俱起
有情流轉故　圓成則不證
無始時積集　沉迷諸妄境
戲論而熏習　生於種種心
能取及所取　有情心自性
瓶衣等諸相　見實不可得

[51]一切唯有覺　所覺義皆無
能覺所覺性　自然如是轉

【疏】 凡見色相必有覺受，這覺受必受習氣影響，是即依概念而覺。這樣一來，「能覺」依於概念，「所覺」亦必依於概念而建立。所以釋迦說，世人認為牛有角兔無角，實在是由「角想」成立，「想」便是概念。

如何去除概念來認識色相？必須認識「能」與「所」的關係。如牛角例，由能覺成立為有，牛的角便為所覺。如上所說，當將牛角分析成極微時，角即成無有，這樣，便知道由能覺成立的有不能成立，亦即所覺不能成立，那便自然知道，依概念而成的能覺亦不能成立，也即是說，不能依角這個概念來覺，如是「角想」便能去除。

頌文即引旋火輪、翳眼、幻化、乾闥婆城等為例，證明依概念而覺只能成為錯覺。如旋火輪，其實只

51 呂澂：玄奘譯《成唯識論》卷二，引此頌云：「一切唯有覺，所覺義皆無，能覺所覺分，各自然而轉。」

是一點火光作圓形運動，錯覺便看成是一個火輪，火輪這個色相，實無所住，因為這色相根本不能成立為有，然而錯覺卻生於心識，所以不能成立為有的色相，便可說為住於心識。

因此頌文說，由於習氣，名言與概念（「名想」）互相繫縛，當與第七末那識（「意」）俱起時，即成種種分別，人即生活在這分別當中而輪迴流轉。所謂「分別」，便即是依概念而成立「能取」與「所取」來見一切法，而不見一切法的任運圓成。

是故可以決定：能覺所覺實基於依概念而作的分別而成。這便等於回答了問題，色相並非住於一物，說住於一物，只是錯覺。

【經】 **愚夫不除斷　習氣心迷惑**
賴耶及七識　有時而頓生
猶如海波浪　風緣之所動
回復而騰轉　無有斷絕時
識浪亦如是　境界風所擊
種種諸分別　自內而執取

【疏】 由上決定，知道分別由概念而成，而概念則實由於習氣。

阿賴耶識如海，七識如波浪，依習氣而成的境界概念則如風，當三者俱起時，分別生起，「回復而騰轉，無有斷絕時」，因為心識不斷執取分別，由分別更生分別。

本頌說色相境，實由習氣令心迷惑而生。下面的頌文，便說這樣的色相境，除住心識外實無所住。

【經】 **如地無分別　庶物依以生**
藏識亦復然　眾境之依處
如人以己手　還自捫其身
亦如象以鼻　取水自霑灑
復似諸嬰孩　以口含其指
是知識分別　現境還自緣
是心之境界　普遍於三有
久修觀行者　而能善通達
內外諸世間　一切唯心現

【疏】 本頌即說一切法唯心住、一切法唯心現。

藏識如大地，萬物依地而生；眾境依藏識而現，又依藏識而住。然而，如人以手自撫其身，如象以鼻取水自灑，如嬰孩自含手指，藏識生起諸境，心識又自緣諸境，由這種心的境界便生起分別，由分別而成顯現。是故可以決定：一切法唯心住，當以心緣心時即起分別，故可說一切為心現。這是究竟決定，於此通達，即能善知內外諸世間，是名「唯識」。

頌文至此，答普賢眾色問，即第二次問畢。

【經】 爾時金剛藏　說是妙法已
默然而止住　思惟於法界
微妙普遍定　則入諸佛境
見無量佛子　當修住密嚴
即從禪定起　放光而普照
欲色與無色　及無想天宮
如是光明中　復現諸佛剎
悉見無量佛　相好妙端嚴
種種微妙色　皆從佛身出
隨其所愛樂　世間作利益
皆使彼佛子　稱讚密嚴名
欣然相顧視　復作如是說
密嚴妙無垢　能除一切罪
觀行者勝處　其土最姝妙
我等聞名字　心生大喜悅
各從其所住　俱來詣密嚴

【疏】 金剛藏入定觀法界，又放光普照三界天宮，示現佛與佛剎，這是示現密嚴世界周遍三界，所以密嚴便即是法界，於法界中，有無量佛與佛剎。以此示現，三界佛子都來詣密嚴。

【經】 色盡螺髻梵　及與淨居天
希慕此密嚴　佛子所生處
同心而共聚　咸請梵王言
我等今云何　得至密嚴土

天王若往彼　　我等當營從
爾時螺髻梵　　聞諸天眾言
遽即與同行　　中路迷所適
梵王先覺悟　　以慧審觀察
彼勝觀行境　　何階而可至

欲色自在者　　非彼所能詣
非空處識處　　及與非非想
并餘外道宗　　邪定者能往
云何作善巧　　得至於密嚴
或以天中天　　威神力加護
能令至亟往　　得會密嚴宮

螺髻梵發聲　　即時盡歸命
見佛滿空界　　威光而熾然
告彼梵王言　　汝當還本殿

如來密嚴剎　　是觀行之境
非想尚難階　　色者何能往
梵王從諸佛　　聞如是告已
退還於本處　　尋至梵天宮
時淨居諸天　　各各共相議
螺髻梵天主　　威神不能往
當知密嚴土　　勝妙難思議
自非如幻定　　誰能詣斯剎

此會聞天眾　　稱讚功德聲
生於奇特心　　乃白金剛藏
我等皆樂聞　　唯垂演深法

【疏】　這裏插入一個故事。梵天眾亦想往密嚴世界，螺髻梵王即偕諸天人同行，中途迷路。梵王以慧觀察，三界有情、外道、邪見者皆不能往密嚴，於是發聲皈依祈請，請佛加持令得往密嚴。頓時即「見佛滿空界，威光而熾然」，說非想非非想處的天人尚不能往，何況是色界天人，於是螺髻梵王即偕諸眾返回梵天宮。

天眾共議，連螺髻梵天主都不能入密嚴，足知密嚴土勝妙難思議。

其時，密嚴會中諸眾聞天眾共議聲，於是生奇特想，便向金剛藏請說深法。這即是向金剛藏第三次問法的第一次勸請。

【經】　**爾時金剛藏　　即告大眾言**
如來所說法　　誰能盡敷演
自覺之聖智　　境界不思議
非深觀行人　　云何可開示

時持進夜摩　　自在諸佛子
異口同音言　　唯願速宣說
神通與曼殊　　慈氏緊那王
及餘修定者　　咸皆作是請
諸天持明仙　　空中奏眾樂
同心而勸請　　唯垂為宣說
如是勸請已　　各坐於勝座

【疏】　金剛藏對大眾說，如來說法不能盡演，自覺聖智境界亦不可思議，所以不能開示。於是持進菩薩等，與及慈氏菩薩（彌勒）、大樹緊那羅王菩薩及諸修定者，再作勸請，諸天持明仙空中奏樂勸請。這是第三次問法的第二次勸請。

【經】 **梵王承佛力　還來此會中**
復白金剛藏　作於如是問
今此諸大會　嚴飾未曾有
悉是尊弟子　聰慧無等倫
皆於尊者處　渴仰而求法
我今猶未知　所問為何等

憍臘與勝墮　及頂生輪王
為是少年馬　為是古仙傳
甘蔗種之子　千弓持國王
欲色無色中　人天等之法
為是菩薩行　獨覺及聲聞
乃至修羅明　星象等眾論
唯願如其事　次第而演說
我等及天人　一心咸聽受

【疏】 螺髻梵王承佛威力到密嚴剎土，對金剛藏菩薩說，見大會諸眾渴仰求法，但不知他們問的是甚麼問題。

難道他們是問憍臘勝墮及頂生王的事嗎；還是問少年馬與古仙傳的故事；抑或問甘蔗種姓子、千弓持國王、欲界、無色界的法；是否問菩薩行、獨覺行與聲聞行；或者問阿修羅的事，與及五明、星象諸論？希望金剛藏依所問次第演說。

此中憍臘勝墮的故事，見《雜阿含經》671。故事說憍臘有夙生福報，可以命令諸天。更承福報上至帝釋天，帝釋天分半座給他，共同統治此天。那時憍臘忽生惡想，認為如果能殺死帝釋，他便能獨有此天。於惡念生時，他立即由天墮回本國，受苦而死。這便是憍臘勝墮。

頂生王的故事，說頂生王由轉輪王的頭頂結瘤而生，具無量福報。當他乘天馬駕鹿車往帝釋天時，馬糞墮落在千年古仙所居處，仙人不忿，凌空阻止他前進，頂生王於是發念，五百仙人眾可以成為他的前導，上帝釋天。未至帝釋天，天帝已率眾迎接，並願分半座與他共領此天。頂生王不願平分帝釋天的利益，於是回歸本國。頌文說「**古仙傳**」，即是這五百古仙之所傳，因為故事說，由於天人提示，說不可欺侮這五百古仙，因為他們可傳仙法，頂生王後來便放他們回住處。這些故事雜見諸經，主要見於《大寶積經》第十六會。

至於少年馬，故事說有一幼馬對國王不肯馴服，於是國王便不供給他水草，又對他鞭打。幼馬向母親投訴，母馬對他說，自己幼年時亦曾不馴服國王，亦曾被餓、被渴、被鞭打，只要對國王馴服，情形就會扭轉。幼馬依言而行，國王果然對他善待。

這些故事各有所喻，憍臘不知足，頂生王則知足；古仙人受調伏，幼馬亦受調伏，但古仙人是受強迫，幼馬則受教自願。現在螺髻梵請金剛藏說法，則是既知足，又願受調伏。

【經】 **爾時解脫月　持世虛空藏**
大勢觀自在　總持自在王
寶髻與天冠　金剛手寂慧
及寶手大士　并諸最勝子
皆從俱胝剎　來坐蓮華宮
咸請金剛藏　唯願大慧說
過去及未來　牟尼清淨智
仁於佛親受　明了心不疑
此眾皆樂聞　願尊時演說

【疏】 承螺髻梵王問，於是以解脫月為首，諸大菩薩便向金剛藏請法，請說周遍三時的牟尼清淨智。這是向金剛藏第三次問法的第三勸請。

這時才說出問法的主題，即是請說如來甚深智。

【經】 **定王金剛藏　普告大眾言**
如來所說法　非我具能演
唯除佛菩薩　威神之所護
我今至心禮　自在清淨宮
摩尼寶藏殿　佛及諸佛子
我以敬心說　如來清淨智
能令紹佛種　汝等應諦聽

此非諸王論　及輪王軌儀
但示於密嚴　如來之種姓
正定者境界　諸佛之勝事
如來微妙智　離於能所覺
是故非我力　能演此甚深
但以佛威神　從佛而聽受
此智甚微妙　是三摩地華
佛在密嚴中　正受而開演
遠離諸言說　及以一切見
若有若無等　如是四種邊
是名最清淨　中道之妙理
密嚴諸定者　於此能觀察
離著而轉依　速入如來地

【疏】　金剛藏說，須得佛加持，然後才能說這深法。因此至心頂禮「自在清淨宮，摩尼寶藏殿」中佛及諸佛子，願以恭敬心說「如來清淨智」。

說「自在清淨宮」，即是說於智境上識境得自在顯現，而且清淨；說「摩尼寶藏殿」，即是說在智境上有無量識境如願顯現，這便是讚歎如來法身清淨，而且周遍。亦即是讚歎如來清淨智。

金剛藏說如來智是正定境，離能所，對此應離言說來聽受，因為一切見都須離四邊才能說為清淨。這便是說須依如來密意來理解如來深智。

【經】 時諸佛子眾　從尊聞是語
頭面禮雙足　恭敬而白言
我等愛樂法　如渴人思飲
如遊蜂念蜜　瑜伽自在尊
唯願正宣説　令諸菩薩眾
於定得自在　智慧大威德
及諸剎土王　深解觀行者
咸欲聞如來　所説甚深法
皆願聽尊者　微妙梵帝聲
如來所悦可　深遠善巧聲
演説殊勝義　悉令得明了

【疏】 會眾答金剛藏，讚歎他「於定得自在，智慧大威德」，而且是諸剎土王，即是能周遍諸剎土。這樣才堪說如來甚深智慧。

【經】 金剛藏告言　如來所説義
真實甚希有　離相難可見
如空中無物　見影為希有
如來所説義　希有亦復然
空中風鳥跡　其形不可見
牟尼演妙理　難見亦復然
世間之事喻　智者能明了
諸佛所宣説　譬喻不能知
今我之所見　如夢乾城等
此會有觀行　具大智慧者

通達真實義　　無不皆明了
云何為是人　　說佛難思境
然今所開演　　憑佛威神力
一切最勝子　　至心應諦聽

【疏】　金剛藏說言，如來智離相，是故不可見，如空中無物，不能見影；如空中風衢鳥跡，不能見形。這亦即是說，只能依密意，不能依言說。

今會眾都是具大智慧的大菩薩，為他們說如來不可思議境界，應「憑佛威神力」來開演。

這樣鄭重來說法，便是對如來清淨智的鄭重，也可以說，這是本經中所宣示的甚深法。

【經】　**如來妙言說　　句義皆相應**
超越心境界　　遠離於譬喻
猶如蜂採花　　先者取精粹
是諸後至者　　皆悉味其餘
勝牟尼亦然　　先得妙法味
我則飲其餘　　今為眾宣說

天中天境界　　增悅諸明智
實非意測量　　言象可能表
示同人形色　　相好以嚴身
現於勝妙宮　　寶冠以為飾
圓光及輪輻　　種種皆成就
照耀於宮殿　　能除外道憍

諸佛四時中　恆依密嚴住
而於一切處　現生及涅槃
純善少減時　惡生及濁亂
隨彼之意樂　利益諸有情
業用無暫停　常住密嚴剎

此之清淨處　瑜祇安樂宮
濁亂少減時　顯示如來相
譬如淨滿月　影遍於眾水
佛以一切身　隨宜而應化

【疏】 金剛藏先作自謙，說如來說法如花蜜，先採者得精華，自己只是後來者，只能取蜜的餘味。那便是說，問法眾中的諸大菩薩其實是先來者。

接着即說如來的示現。如來的應化身示現於人間，於是身形、住處、享用即同人間。只是為了除外道的憍慢，才在密嚴剎土示現種種莊嚴，同時示現身相莊嚴，具足「圓光」與「輪輻」。

佛的法身，其實常住密嚴，但可以一切處示現生與涅槃，並能於惡生濁世中利益有情。這些功德，亦常住密嚴剎土。這便是說如來法身與如來法身功德，不離密嚴而周遍世間。說如來身智，必須先決定這一點。所以下來更說，如來猶如滿月，可「影遍於眾水」。這強調周遍。

為甚麼要強調如來法身與功德周遍？那是顯示大平等性。世人受心性束縛，修定的人受法性束縛，清淨地的大菩薩受平等性束縛，佛證大平等性即離三種束縛。離心性束縛是空解脫門，離法性束縛是無相解脫門，離平等性束縛是無願解脫門。如來清淨智，即同時具三解脫門。

【經】 **如來淨智境　觀行者皆見**
或現大自在　或現那羅延
成現迦毘羅　住空而說法
或現圍佗者　常行及妙喜
童天及尸棄　羅護都牟盧
或現緊那羅　甘蔗月種姓
及諸國王等　一切所瞻奉
或作大醫王　示現於眾人

金剛等眾寶　銅鐵及諸礦
明珠與鉛錫　紅碧二頗梨
隨彼諸有情　愛樂而顯現
由佛加持力　令彼悉安樂

天女及龍女　乾闥婆之女
欲界自在女　不能動其心
超勝欲境界　及勝色界色
空處及識處　無所有之處
非想非非想　於彼不迷惑

無想諸定者　未離於惑纏
非安非清淨　流轉於諸有
有身者所生　非如密嚴國
密嚴微妙土　清淨福為報

解脫知見人　最勝之依處
具十種自在　六通三摩地
皆以意成身　如佛於彼現

【疏】 如來可隨順眾生作種種示現。

本節頌文第一段，是說可示現為色界諸天及諸外道的聖者；第二段是說示現為欲界諸天、諸仙、諸王貴族；第三段是說示現種種珍寶及物用。雖然隨順而作欲界的示現，甚至示現為外道，但如來法身實未染着。譬如貪愛，如來法身不為天女、龍女、乾闥婆女、欲界自在女所動，是即超越三界（超越一切識境）。

三界修定，以無想定為最深，但無想定中人亦未能離惑，遠不能跟住密嚴剎土者相比，所以密嚴剎土是「最勝之依處」。

密嚴剎土眾都是意生身，所以如佛，具足十自在、六通與佛三摩地。

依《華嚴經・十地品》，十自在為：1、命自在；2、心自在；3、財自在；4、業自在；5、生自在；6、願自在；7、信解自在；8、如意自在；9、智自在、10、法自在。

六通為：1、神足通；2、天耳通；3、他心通；4、宿命通；5、天眼通；6、漏盡智證通。

【經】　修行於十地　檀等波羅蜜
一切相好華　常以為嚴飾
遠離於分別　亦非無覺了
無有我意根　慧根常悅樂
施等諸功德　淨業悉圓滿
得佛勝所依　密嚴之淨國

此土最微妙　不假日月明
佛及諸菩薩　清淨光恆照
密嚴中眾聖　其光逾聚日
無有晝夜時　亦無老死患
殊勝密嚴宮　諸天所希慕
最上瑜伽者　地地而進修
了知一切法　皆以心為性
善說阿賴耶　三性法無我
其身轉清淨　而生密嚴國

【疏】　這裏說轉依而入密嚴剎。

十地次第修行十波羅蜜多，如修布施波羅蜜多，即得相好莊嚴等功德；依本覺而覺，遠離分別，證人我空、法我空，這樣就能轉依密嚴。

下段頌文，說密嚴眾於微妙境中，超越日月識境光明，超越識境的晝夜，超越識境的老死，地地進修，知一切法以心為性。這裏說的心，可以說是如來藏心，亦可以說是阿賴耶心，實在即是佛性，即是如來法身。依此轉依，便能理解如來清淨智，即是離識境名言句義，離識境戲論分別，周遍而見識境一切現象。然而，如來清淨智亦不離世間而作事業，作種種示現，是即智境與識境雙運，所以如來清淨智也可以說是智識雙運智。

頌文至此，答第三問畢。妙生身由轉依而成。

胎藏生品第三[52]

【疏】 本品說染生身。可分為二：初說染生身的生成因；更說此身虛偽而受苦。

【經】 [53]爾時金剛藏　菩薩摩訶薩
復告螺髻梵　天主應當知
一切有情身　九物以為性
有為相遷動　能造所造俱
精血共和合　增長於不淨
為無量諸業　之所常覆纏
如毒樹所生　扶疏而蓊欝
貪瞋等煩惱　增長亦如是
九月或十月　生於滿足時
既從胎藏出　顛危受諸苦

【疏】 說有情身「九物以為性」，是對染生身的生成因作抉擇。這九物即是生、住、壞、滅四相，地、水、火、風四大，以及父母精血。四相為變動，變動即不能作為生因；四大既為能造亦為所造，所造即不能作為生因；父母精血變成為身，只是不淨的增長，亦不能說為生因。

再看這染生身，入胎出胎以至成長，都受諸業覆纏，煩惱增長，因此便「顛危受諸苦」。

52 呂勘：藏譯胎生品第四，舊譯胎生品第三。

53 呂勘：藏譯缺此首頌，舊譯全品皆作長行。

【經】 **天主應當知　此諸有情類**
皆由業力故　驅馳運動生
或自人中來　或以傍生趣
非天與羅刹　龍及於諸鬼
或以持明族　天趣之勝身
或於瑜祇中　退失三摩地
輪王之貴族　而來生此中
如是既生已　諸根遂增長
隨親近宿習　復造於諸業
由斯業力故　輪迴諸趣中

【疏】 有情實依業力受生。由於業力，人可由六趣而來，可由天龍八部而來，可由未淨地菩薩（瑜祇，即修瑜伽者）因退失而來，亦可由轉輪王貴族轉生而來。既來人世，即依夙生習氣而作業，復依業力輪迴。

這即是輪迴因。

【經】 **若有諸智者　聞法得覺悟**
離文字分別　入三解脱門
得證真實理　清淨之殊勝
上上最清淨　即往於密嚴
能遍俱胝剎　隨宜而應現
天主如是生　永脱諸險趣
是名為丈夫　亦名為智者
亦名天中天　佛子眾圍繞

【疏】 染生身的智者，由聞法覺悟，離佛言說（文字），依密意觀修入空、無相、無願三解脫門，即由現證真實而得清淨，這是初地至七地；最上清淨是八地以上；最上上清淨是十地以上，都能住入密嚴。染生身到這時才脫險趣，名為「丈夫」、「智者」。成佛道的最上上清淨，名「天中天」。

【經】 **天主應當知　胎藏身虛偽**
非從自性生　非從癡愛業
以皆因相有　了達滅無餘
亦離於分別　及以於文字
能如斯觀者　即往密嚴場

若諸修定人　住定攀緣境
即便為聲色　誑惑生取著
不能得堅固　亦名散動心
以斯邪定縛　流轉生三界

若有勝瑜祇　善住三摩地
遠離能所取　寂然心不生
是名真實修　無相觀行者
欲生密嚴土　常應如是觀

【疏】 由觀察胎藏身虛偽無實，既非由一有自性的實法所生，亦非由無明愛業生，因為自性及無明愛業都有相，凡所有相都能由了達無生而滅，能滅即不能為因。這樣觀察，即能離分別，得佛密意而住密嚴。

然而修瑜伽亦有「邪定」，是即住於有漏的攀緣境中，如在定中見佛像等，是即為散動，依此亦輪迴三界。

「**善住三摩地**」無二取，心無所緣而緣，是無相而觀，依此真實能生密嚴。

說染胎生身畢。

自作境界品第四[54]

【疏】　本品所說可分為兩部份：第一部份由世間生滅與密嚴無生滅相對而說，由是說世間由心現，一切虛妄。密嚴由智生，唯此真實；第二部份則超越相對說真實法，由真實法決定世間有情心與密嚴真實智。

這樣由兩個層次來認識世間與密嚴，便知染生身與淨生身皆依自作境界而生，既是自作，便不由他力，但依自力。

【經】　爾時金剛藏　菩薩摩訶薩
復告螺髻梵　天主應當知
八種九種心　常與無明轉
能生諸世間　皆心心法現
由彼流轉故　諸識與諸根
無明所變異　本心堅不動

世間及根境　皆從十二支
能生及所生　剎那而壞滅
梵世至非想　亦從於因緣
唯有天中天　能離作所作
有情及無情　動與不動法
皆如於瓶等　滅壞以為性

【疏】　前文已說阿賴耶識是世間因，現更說第九菴摩羅識

54　呂勘：藏譯自業所作品第五，舊譯顯示自作品第四。

（amala-vijñāna）亦是世間因。這第九識可以說是第八阿賴識的清淨分，現在說「八種九種心，常與無明轉」，目的即在於說明阿賴耶識的清淨分亦與無明相共，亦能現起世間，並非無所作為。然而，無明能變異諸識與諸根，唯卻不能變異這清淨分，所以可說這清淨分為本初清淨心（本心）。有了這清淨的本初心，才能說淨染都由一心自作。

世間由心與心法（即八種九種識）生，亦可以說由心與心法滅，因為心識其實剎那剎那生滅。由梵天以至非想非非想處天，都離不開這生滅因緣，所以可說三界中一切世間，都「滅壞以為性」。唯有佛離能作所作，才不落因緣。

這樣就可決定：世間是生滅境界，染生身即依這境界而生。

【經】 **天主應當知　諸識甚微細**
遷流而速疾　是佛之境界
諸仙及外道　假稱是牟尼
以言互相縛　而貪種種色
於此生滅識　悉皆不能知

假使一千歲　思惟四吠陀
行施得梵天　還當有退落
或四月苦行　祠祭所獲果
或修異類壇　事火所求福
或修三法趣　宰羊以祈禱

得果還有退　　梵王何不悟
三德果繫屬　　不堅如芭蕉

【疏】 諸識微細，其變動、流轉的相狀不為人見，唯是佛後得智的境界。諸仙外道自稱牟尼（muni 寂默聖者），唯由名言與色二者相互縛而說，如說三自性的德與德所依，此實不能知此生滅識的境界。

由於不識，便不能觀修觀行，縱然住梵天千年仍當退落。頌文中說的「修三法趣」，應指修四吠陀中三種與祭祀有關的古典吠陀，即祭祀自然神的梨俱吠陀、讚頌天神的沙摩吠陀、祠祭咒文的夜柔吠陀。頌文中說的「三德果」，即前述的三自性。

說生滅為性的世間畢。

【經】 **唯以智解脫　　得生密嚴土**
定者證斯境　　方能住彼宮
是故大梵天　　應當善修習
密嚴中之人　　無生死眷屬
一切有情識　　不斷亦不壞
諸業無染著　　亦無染熏習
如蓮不著水　　猶空不染塵
日月無雲翳　　瑜伽者亦爾
速修是觀行　　如來所攝持
沐之淨戒流　　飲以智慧液
由修淨戒智　　生死得解脫

【疏】 現在說智解脫入密嚴境。

說不斷不壞有情識，即是勝義不壞世俗；說諸業無染，亦無熏習，即是不落因果而不昧因果。知道是業，所以不昧因果；然而無染無熏習，所以不落因果。

在此又應知二喻：蓮花不著水，是比喻業果清淨；虛空不染塵，是比喻業因清淨。蓮花以水為基（因），水可污染，而蓮花（果）則離污染；虛空含容塵埃，可以看成是塵埃的基，清淨無染，然而所含的塵埃卻污染。這兩個比喻，蓮花喻是喻染心亦能生清淨果，所以依於世俗得證勝義；虛空喻是喻勝義如來法身可含容顯現為不淨的識境。前者喻觀修密嚴定，後者喻現證如來藏。

所以接下來的頌文就說如來攝持，是即得如來法身含容。復由沐淨戒流而得清淨，飲智慧液而心識離染，由是證智得解脫果，即能入密嚴。

以上說由智解脫入密嚴的機理。

【經】 **天主應當知　有情蘊處界**
眾法所合成　悉皆無所有

眼色等為緣　而得生於識
猶火因薪熾　識起亦復然[55]

境轉隨妄心　猶鐵逐磁石

55 呂勘：藏譯次有「瑜伽者不轉蘊車」等二頌，自下皆說瑜伽者所不行之事。

如乾城陽焰　愚渴之所取
中無能造物　但隨心變異

復如乾城人　往來皆不實
眾生身亦爾　進止悉非真

亦如夢中見　寤後即非有
妄見蘊等法　覺已本寂然

四大微塵聚　離心無所得
世間可特物　孰非四大成

譬如風痰緣　惑亂見諸境
起屍無作者　世間法亦然

【疏】 這大段頌文說世間法七種虛妄。

1、有情虛妄。因為五蘊、十二處、十八界除法界，都由諸法因緣和合而成，是以有情相無有本體。

2、識相虛妄。以眼識為例，由眼根與外境（色）而緣生眼識，喻如以燃薪為因得生火，是以識相實無本體。

3、境相虛妄。一切境相都由心識轉起，離心識即不顯現，所以喻為如鐵逐磁石，是以境相實無本體。

4、身相虛妄。自取為身相的相，在他人眼中其實還是境相，所以喻為乾闥婆城中人，是以身相實無本體。

5、蘊等相虛妄。色及受、想、行、識，即是身相及識相，前已破其真實有，是以蘊等相實無本體。

6、四大相虛妄。四大如微塵聚合，所以如色法顯現境相。何以是色法？因為世間的物體都由四大而成，是即色法（物質），是以四大相無本體。

7、世間法相虛妄。患風痰病的人常見幻境，即如今所說的神經病。世人見世間法亦如是，以幻境為真實，如見咒術起屍為真實，是以世間一切法的相實無本體。

【經】 **汝等諸佛子　應當善觀察**
世間諸動植　猶如水聚沫
瓶衣等妄想　不實如陽焰
苦樂等諸受　方之水上泡
眾行如芭蕉　中無有堅實
是識如幻事　虛偽悉非真

於彼三界中　動與不動法
皆同於夢境　迷心之所現
亦如幻化事　及乾闥婆城
但誑於愚夫　初無有真實

【疏】 承上頌說七虛妄相說五蘊喻：色如水沫、受如水汽、想如陽燄、行如芭蕉、識如幻事。三界中人唯依五蘊而生活，能取所取都依五蘊，由能所分別而成迷心，由是即以不實為真實。這是總示三界過失。

【經】 **佛子覺此法　其心無所畏**
慧火焚諸患　即生密嚴國
世間皆無相　相為所繫縛
無相為吉祥　相乃心境界
心境界非真　真為慧境界
遠離於眾相　[56]慈悲之所行
無相遍一切　三界皆清淨
色聲等眾相　名為三界法
一切諸根境　有情之縛因
由慧得解脫　安樂而自在

【疏】 金剛藏總結：世間由心識生，心境界虛妄；密嚴由智慧生，智境界真實。

既知世間一切法相虛妄，復由觀修而證無相，便如智火焚燒一切過失，是即無相吉祥，生密嚴國。

世間本來無相，由分別心取諸相，所以心為能縛，相為所縛，成心境界。智境界非心所行境（參註56），是為無相，無相即無縛因，是得解脫而入密嚴。

金剛藏第一份說法畢。決定一心所作，妄心成世間，真心成密嚴。所以說為自作境界。

【經】 **時寶髻菩薩　坐殊妙之座**
向於金剛藏　而作如是言
遍諸俱胝剎　尊者為上首

56 呂勘：舊譯云「非心之所行」，今沿用其文而誤合非心為悲也。

成就最妙智　了達所知法
於無量悉檀　皆已得明見
今在修行眾　能淨於彼疑
覺察有情身　一切之本起
以妙音演暢　窮劫不能盡

【疏】 由此處起是本品第二部份，由寶髻菩薩問法。寶髻菩薩是東方淨土的菩薩，文殊師利即來自此土，說不二法門，現在寶髻之所問，實亦依不二而問，因為金剛藏一直沒有說到不二，多依相對來說。

頌文中說的「悉檀」（siddhānta），意為成就。有四悉檀：1、世界悉檀，說世間法由因緣和合而成為有；2、各各為人悉檀，依各各根器說修出世間法；3、對治悉檀，說對諸煩惱的對治法；4、第一義悉檀，說真實法。這四悉檀包括世間與真實，如加以廣演，便可無盡，所以頌文說金剛藏明見「無量悉檀」。

頌文又說有情身的「本起」，即是說有情身為本性自性，此即如鏡影的本起是依鏡為本。這一點，是問法的重點。以下各品其實亦說這本起，有情身依阿賴耶識，亦即依如來藏，所以即是依於如來法身的密嚴國。這是真實決定、究竟決定。

【經】 **應當為眾會　說離諸逆順**
似非似等因　及以真實法
令此諸智者　心淨無有疑

捨於諸蘊因　不久得解脫
蘊因法非法　生此身後身
智則能脫苦　愛則為堅縛

【疏】 寶髻指出金剛藏之所未說，共有兩段，今第一段。

金剛藏未說離逆順的似因非似因，未說以真實法捨諸蘊因。所謂「逆順」，即逆於真實來立因，如是有作者、有勝性，是即非似因；或順於真實來立因，如今人說「空故緣起」，用的是佛言說，言說即不真實，是即似因。

說捨諸蘊因，即是捨似因與不似因。其中似因尤其有害修行，誤解空義，便不能由觀修而入密嚴，於是縛於識境的「空」中不能解脫。所以頌文即說「蘊因法非法」，似非似因都是非法，不真實；以如來藏為因則真實，如來藏境界即是密嚴境界。

【經】 **有情心所起　由色及以明**
作意等眾緣　馳散於諸境
迅疾其奔電　難可得覺知
無明及愛業　以之而濁亂
諸法意先導　意速意殊勝
法與意相應　皆以意為性
譬如摩尼寶　顯現於眾彩
如是之妙義　佛子何不說

【疏】 有情心由色、明、作意等，成為見種種境界的緣。此中所謂「明」（vidyā），即是明了，亦即本未落於名言句義的了別，或稱為「明分」，若一旦落於名言句義，那便是分別事識。這些緣奔馳迅速，一旦受無明及愛業污染，即由意（末那識）為先導，與種種法剎那相應，由是即有我與我所，諸法即如是顯現。所以說意亦殊勝，如摩尼寶顯現種種彩色。

這是心識為緣，成立世間。金剛藏亦未說。

【經】 **如眾色摩尼　隨色而顯現**
仁者瑜祇中　照耀亦如是
具足如來像　恆住自在宮
佛子眾圍繞　隨宜應為說

【疏】 摩尼隨色顯現色相，在密嚴定中亦如摩尼，得見如來。這同樣是顯現，是亦應說。

定中顯現與由意顯現看似不同，其實都是智境上的識境自顯現，所以寶髻才有此說。這便是不二法門的理趣。

【經】 **爾時金剛藏　菩薩摩訶薩**
於法自在者　復告大眾言
密嚴微妙土　是最勝寂靜
亦是大涅槃　解脫淨法界
亦是妙智境　及以大神通
修諸觀行者　所依之妙剎

【疏】 金剛藏答，說密嚴智境，分為四段，是先答寶髻第二問。

第一段，說密嚴即是法界，亦即是佛內自證智境界、如來法身、如來藏，所以頌文說之為「最勝寂靜」、「大涅槃」（境界）、「解脫淨法界」、「妙智境」。這境界上雖然有識境隨緣自顯現，但識境中有情實不能見。此如鏡影不能見鏡，螢光屏上影像不能見螢光屏，所以唯修密嚴定的行者才能住入。

【經】 **不斷亦不壞　常住無變易**
水亦不能濡　風亦不能燥
非如瓶等體　勤勇成而壞
非似不似因　二種所成立
立宗及諸分　皆是不定法
以宗及以因　各執差別故
密嚴微妙剎　體是轉依識
超於分別心　非妄情境界

【疏】 第二段，說密嚴界不壞、無變易，不同世間法，如瓶等，用久即能壞。彼亦不由因生，且不落於宗見差別。這段頌文，即說密嚴為真實恆常。

【經】 **如來密嚴剎　無終亦無始**
非微塵自性　非由於樂欲
非大自在作　非無明愛業

但由無功用　　妙智之所生
出欲色無色　　超無想暗網

【疏】 第三段，說密嚴體性是「轉依識」。因為如來法身智可以看成是識轉依境。這就是說勝義而不離世俗，如果只說為智境，又怎能說是智境與識境雙運。

說密嚴剎土不從他生，不從色生，不從識生，但從智生，且是無功用而生，所以超出三界。這便是說如來法身功德雖然成就識境，但卻不落識境。

【經】 **密嚴微妙土　　是阿若悉檀**
非諸因明者　　所量之境界
非由於勝性　　自在與聲論
及吠陀等宗　　之所能開顯[57]
乃至資糧位　　智慧不能了
唯是於如來　　及十地智境

【疏】 第四段，說密嚴是第一義悉檀（阿若悉檀，anu-siddhānta），即是無上成就，所以不是因明、理則、外道宗見等所可衡量的境界。此境界唯是如來及十地菩薩的境界。這是究竟成立。

57 呂勘：藏譯次有頌云：「非微塵緣生，非聲所言說，自性則無生，不由欲主得。」

【經】 仁者今諦聽　愚夫迷世間
為業及非業　我今演此義
令修勝定者　獲得於安樂

內外一切物　[58]所見唯自心
有情心二性　能取及所取
心體有二門　即心見眾物
凡夫性迷惑　於自不能了
如瓶現色相　無體唯自心
贏定及諸仙　於此義惑亂
捨於真實理　而行分別路

【疏】 金剛藏答，說有情心識。分為兩段。

第一段，說世間唯心。唯心由心有二性（能取所取）而成，此中能取即是見分，所取即是相分。由此二門見物為有，凡夫不識這見物的機理，便認為實有一物為眼所見，實有一聲為耳所聽，這樣便成迷惑。智劣的行人因為迷惑，便依世間現象而作分別，如生滅等。

【經】 是心有二性　如鏡像月影
如目而有翳　妄見於毛輪
空中無毛輪　亦無珠瓔珞
但從病翳眼　若斯而顯現
虛妄計著者　不覺恆執取

58 呂勘：玄奘譯《成唯識論》卷二，引頌云：「眾生心二性，內外一切分，所取能取纏，見種種差別。」舊譯此下仍為頌文。

廣時諸嚴飾　種種梵等相
一切諸有情　及與瓶衣等
內外種種事　皆悉從心起

【疏】 第二段，說能取所取性。

前已說，能取性是依末那識聚建立「我」而妄取，此如取翳眼所見毛輪為實有。所取性則由建立「我所」而被妄取為有，此如鏡中像與水中月被計為實。能取為內，所取為外，所以說內外種種事從心生起。

說密嚴時，說體性是轉依識，現在說世間又說唯心，這樣便由心識將出世間與世間關聯起來。依印度觀修的傳規，凡關聯必須建立為見地，例如觀空，因為空與緣起關聯，所以必須依緣起為見地而觀，因此在下品辨別觀行時，便依這關聯而說，本品中下面的頌文亦時與此有關。

【經】 **此密嚴妙定　非餘之所有**
若有修行者　生於眾福地
或生欲自在　或於色界天
乃至無想宮　色究竟天處
空識無所有　非想非非想
種種諸宮殿　漸次除貪欲
不久得生彼　密嚴觀行宮
眾佛子圍繞　自在而遊戲

【疏】 生於三界的天人及人，修密嚴定，漸次除貪欲，便得生於「密嚴觀行宮」，這便是由世間起修，亦即關聯世間的能所，不以貪欲境為所取，這樣漸入如來藏境，便說為生於「密嚴觀行宮」。雖然說是「宮」，實際上只是一個觀修境界。

【經】 **汝應修此定　如何著親屬**
親屬常繫縛　輪轉生死因
男女意惑亂　精血共和合
如蟲生臭泥　此中生亦爾
九月或十月　肢體漸增長
時至出胎已　譬如蟲蠕動
從此而長大　乃至心了知
我觀諸有情　生生悉如此
父母無有數　妻子亦復然
於諸世間中　無處不周遍

【疏】 這裏是勸修密嚴，所以說有情世間污濁。最後一頌，說有情生生世世輪迴，所以父母無數，妻子無數，由是世間有情都可能是自已過去世的眷屬，亦可能是未來世的眷屬，是故對一切有情即應平等。這是修平等大悲的觀行，為釋迦之所教。

【經】 **譬如彼石女　夢已忽生子**
生已方歡樂　尋又見其亡
悲哀不自勝　忽然從睡覺
不見有其子　初生及後終

又夢遊山川　城邑與園苑
一切諸境界　世間共受用
彼此互相見　馳騁而往來
運轉與屈伸　無量之境界
及從於睡覺　一切皆非有

亦如多欲者　夢見於女人
顏貌甚端嚴　服玩皆珍綺
種種恣歡樂　覺已悉皆無
一切諸世間　當知亦如是
王位及營從　父母等宗姻
但誑於愚夫　體性皆無實

【疏】　這裏是說世間如夢。用石女夢生兒、人夢遊山川、多欲的人夢見美女，夢醒之後即無所有來譬喻，從而知世間的不真實。

【經】　汝於三摩地　何故不勤修
無量諸聲聞　獨覺及菩薩
住山間樹下　寂靜修禪處
摩羅耶乳海　頻陀婆利師
摩醯因陀羅　雞羅雪山等
或止圓生樹　或住嬌微那
處須彌半腹　或憩如意樹
絆住劍摩羅　於中而宴默
或食贍部果　及飲甘露味
具足諸神通　而常修此觀

過去未來世　坐於蓮華臺
結跏住等引　如是常觀察
善攝諸根故　不散一切境
如以鉤制象　住定亦復然
世間若出世　一切諸餘定
佛定淨無垢　貪愛皆遣除

遍愛無色定　無想等禪中
見彼日月形　蓮花與深險
如空大眾色　邪定非究竟
拂除如是相　得淨無分別
則見俱胝剎　諸佛住等引
同時共舒手　以水灌其頂
即入於佛地　示現眾色形
既得種種身　則具薩婆若
力通及自在　正定陀羅尼
如是等功德　莫不皆成就

【疏】　這大段頌文可分為三節。

第一段，是說人間及諸天依止殊勝處而修。

第二段，是說菩薩三世修密嚴定，唯此佛定清淨無垢。

第三段，是說不應修無色天、無想天禪定，因為這些定是離世間而修（「如空大眾色，邪定非究竟」）。若排除邪定的空相，則可入無分別而見無數剎土，得佛灌頂而入佛地，證一切智（sarvajña 薩婆若）。

【經】 **分析於諸色　乃至觀極微**
自性無所有　譬如於兔角
無分無分者　蘊有蘊亦然
同於幻所作　一切皆如是
此中無業果　亦無作業人
無能作世間　設有作能作
能作待於作　何名能作人
此言成過患　說者非清淨

【疏】 金剛藏答寶髻第二問：真實法捨諸蘊因。

將一切色法分至極微，極微亦不能成立色法，如兔角之本無所有。本無所有即便「無分、無分者」。「無分」是不能分，「無分者」是沒東西可分。

蘊與有蘊亦同一道理。蘊本無如兔角，是則如何能取而說「有蘊」？是即不能取蘊為因來成立業果。由無業果便不能說有能作與所作，因為無蘊即無作者，無業即無作者。

這段頌文並非否定世間因果，只是超越世間，由真實而見其不真實。人生活在世間，世間一切法都真實，因果當然真實。

【經】 **我者成諸境　地輪依水輪**
及有情世間　次第而安布
諸趣各差別　彼此互往來
於事起諸根　而能取於境
此等非由我　皆是於分別

展轉而變異　同於乳酪酥
如是生住滅　計業與非業

定者常觀此　如乾城與夢
無始來戲論　熏習於有情
種種之過咎　而生分別業
諸根猶如幻　境界同於夢
能作所作業　定者能遠離

【疏】 由「我」成立世間，成立地與水等事物，又成立六趣，其實是由分別而成。諸根能取，諸境所取，由識分別，所以說是根、境、識三和合。以此因緣，一切法無而變異為有，即可喻為由乳變異而成酪，由酪變異而成酥。

正由於分別而成，所以才會將生住滅等現象，計為業與非業。觀修行人知世間如夢如乾闥婆城，是知諸根如幻、境界如夢、分別由於習氣，即知三和合無有，於是即能超越因緣，而說由因緣建立為有者實非是有。這即是緣起觀。

【經】 **惡覺微劣者　迷惑生妄計**
分別於能作　一切諸世間
或謂摩尼珠　金銀等眾礦
鳥獸色差別　刺端銛以利
此等皆不同　應知無作者
世間相差別　皆從分別生
非勝性微塵　無因自然等

惡覺者妄計　不知其體性
為業為非業　如是起分別
如毒在於乳　隨變與相應
一切處分別　諸法亦如是

【疏】金剛藏於此決定：「世間相差別，皆從分別生。」這決定由「應知無作者」而成。是故抉擇非勝性生、非微塵生（非粒子生）、非無因生、非自然生（非無因生）等。若依分別，則如毒乳可以殺人。毒乳似乳，喻相似法。時至今日，以相似法毒人者已漸多。學佛者須知，凡唯落識境而說者，必非究竟，此尚不是毒乳，然而唯用識境說勝義，則必是毒乳，是即彌勒所指責的相似般若波羅蜜多。

【經】**是性亦不生　是性亦不滅**
惑者不能了　種種異分別
世間唯積集　定者乃能觀

汝等應勤修　無思業非業
有情互來往　如日月超迴
在空無所依　隨風而運轉
業性甚微隱　密嚴者能見

修諸勝觀行　不為其所羈
如火燎長焚　須臾作灰燼
智火焚業薪　當知亦如是
又如燈破闇　一念盡無餘
諸業習暗冥　無始之熏聚
牟尼智燈起　剎那頓皆滅

【疏】 由離分別觀修，便能現證如來藏、密嚴刹土、如來法身，這亦說為法性。法性不生不滅，唯觀修行人才能現觀。惑者唯由分別見世間積集，如五蘊等。

對業與非業不作分別，六趣輾轉輪迴（「有情互來往」）只因無所依而飄流，唯觀修密嚴定的人能知業性。這便是指依相礙緣起而任運圓成。

法性隨觀行而顯現，行人現觀，便如智火焚薪，亦如一燈破暗。

法性落於分別，即成虛妄世間；法性隨於觀行，可入密嚴刹土，所以說是自作境界。接着下品即辨觀行。

辨觀行品第五[59]

【疏】 前品說「生」是自作境界，所以本品便辨別觀行。不說觀修而說觀行，那是因為觀行是持着觀修時的證量而行，所以說觀行已包含觀修。

觀行在於離分別，而分別則由「人我」、「法我」而成，所以真實的觀行，便在於無人法二我而分別盡。由是本品所說，即有二義：1、證「人我空」、「法我空」；2、能證二空，即無染覺與邪覺，如是即可生密嚴。不證二空，即有染邪二覺。

這裏說辨觀行實亦依四重緣起次第。

【經】 **爾時金剛藏　菩薩摩訶薩**
復告於大眾　諸仁應諦聽
譬如空閒地　欲造立宮室
匠人資土木　然後方得成
諦觀諸物中　[60]二皆無舍宅

亦如於眾指　和合以成拳
離指而推求　拳體不可得
軍師及車乘　城邑與園林
雲物須山川　瓶衣等諸相
皆是假和合　智者了如夢

59 呂澂：藏譯卷三，辨瑜伽品第六，舊譯分別觀行品第五。

60 呂澂：舊譯云：「一一無」（按：此句為「諦觀一一物中無舍可得」），與藏譯合，今沿舊譯而誤合一一為二也。

【疏】 此處頌文，說一切法不可得，是即為空。先作譬喻，空地中建立宮室，於是由土木建成，然而土木諸物之中，一一皆無舍宅，所以這宮室可以說為無「宮宅體」，是即空性。再舉一喻，例如握指成拳，拳實依手指而成，並無「拳體」，是即空性。這樣說來，軍師、車乘、城邑、園林、雲物、山川、瓶、衣等相，實由假和合而成，並無實體。智者觀察，一切相皆如夢境。

如上觀察，依業因緣起作抉擇。接着，下文便依此作決定。

【經】 **如是身舍宅　諸界所集成**
蘊積如崇山　敧危如朽屋
不生亦不滅　非自亦非他
如乾闥婆城　如雲亦如影
復如熱時焰　亦如觀繪事
相自於妄現　性淨離有無
亦如盲與跛　相假而得行
自性無能持　凡愚身亦爾
分析至極微　空名無實物
極微不可得　諸法亦如是

【疏】 如是推論，一切事物的物體都不可得，身亦不可得，因為身實由「諸界所集成」。看起來「蘊積如崇山」（五蘊即是集），實在其本體則「敧危如朽屋」，此如內法之無而似有。因為無體，所以生滅亦非實。此無體而似有，非由自作，亦非由他作。

至於外物，譬如為乾闥婆城等，都為妄現，尤其是「觀繪事」喻，圖畫畫成立體，其實畫面是平面，這便是妄現的一個極好例子。知道妄現，便知外法亦無而似有。

由觀察內外法，便可以得出決定，妄現諸法但有虛妄相而無真實性，所以不能說之為有為無。有虛妄相與無真實性二者相依，便如盲者與跛者相依而後成行。這樣，便可以決定「人我空」與「法我空」。空不是無有，只是由虛妄相與真實性二者相依而說 —— 由這樣來說空，便不是如今人所說的「緣生性空」那麼簡單。最後回到說身，由分析至極微亦不可得，這極微亦不可得，所以說之為空名無實物，這便是「人我空」的決定；又說諸法亦如是，這便是「法我空」的決定。

【經】 **瑜伽淨慧者　作是思惟時**
便於色聲等　遠離於覺念
一切意息已　泰然得解脫
不受於諸有　常樂於等持

設有諸天仙　姝麗女人等
而來供養者　如觀夢無染
身雖住於此　外道不能見
持明與梵天　亦不覩其頂
當生摩尼宮　自在而遊戲

與諸明妃眾　離欲常歡娛
此之觀行法　薩埵之境界

仁應速修習　發於勇猛心
當生光明宮　利益於三有
則斷貪欲分　及離瞋恚癡
能詣大密嚴　寂靜殊勝處
彼無死境界　亦非識所行
遠離於諸相　非分別所得
為此微妙處　瑜伽者相應
是故修觀行　希求於彼土
既勝於貪恚　無我亦無人
勝定汝應修　勿生於三毒

【疏】 這大段頌文實在只是說，行者能決定人我空、法我空，便不起染覺與邪覺。

此時行者在覺中，已無色聲等念，不受諸有。所以雖有天仙、姝麗現前供養，亦如觀夢，不起染心，是即無染覺。

又如修定行人，不為外道所見，亦不為持明與梵天所見，如果樂於這個境界，那便是邪覺。

離於染覺與邪覺，菩薩即能生於色界天摩尼宮中，離欲樂而自在遊戲，這是菩薩的境界。至此已入相依緣起，因為覺受即由內識與外境相依而起。

接着的頌文是勸修密嚴。密嚴中無染覺與邪覺：斷貪欲，離瞋恚癡即是無染覺；無死境界、非識所行、遠離諸相、非分別得即是無邪覺，所以要無這兩種覺才能住入密嚴。人法二空，所以說「無我亦無人」。

【經】 若執於境界　則有二覺生
猶如美女人　曼臉而鬒髮
多欲者見已　愛著而思惟
迷惑生染覺　專想無餘念
行來及坐起　飲食與睡眠
彼女之容姿　常現於心想
如此之惡慧　皆由妄境生
溺在境淤泥　是故不應著

或如諸世間　邪慧妄分別
於牛及山羊　設婆與麞鹿
見彼有角故　執之以為實
而於彪兔等　便生無角解
若非見牛角　於兔寧執無
世間亦復然　妄見有所得
後求體非實　便言法定無
未捨分別來　常生是邪覺
仁應審觀察　心行諸境界
皆如妄所計　角與無角等

若諸修行者　能作如是觀
隨其所意樂　或作轉輪王
昇空而往還　具有大威力
或生日月殿　及諸星宿宮

四王忉利天　　焰摩及兜率
化樂與他化　　摩尼寶殿中
色界梵眾身　　並十梵天處
無煩及無熱　　善見與善現
阿迦尼吒宮　　自在能遊戲
空識無所有　　非想非非想
住彼漸除欲　　乃至諸佛剎
常遊微妙定　　解脫之境界

【疏】　以上大段頌文，說若執於境界，則起二覺。

先說起染覺，「猶如美女人」一段頌文即是。見美女，即因「愛著而思惟」，而「迷惑生染覺」，於是行住坐臥、飲食睡眠都恆住於心，這便是由妄境引入淤泥。

再說邪覺。如見有角之獸如牛羊等，見其有角執之為實，見彪兔等，便說無角。這即是由妄見所得，亦即落名言句義而得，是即邪覺。

上來所說已是心性與法性相對，兩種染覺妄相都由心性生。

接下來說修密嚴的利益，隨其意樂，或作轉輪王、或生星宿宮、或生三界天，然後漸修而成佛。這裏說生，不可執實為生於其地，如果心識能周遍到一天，那便說為生於此天，因為這生天不同死後生天。此如說生於密嚴，亦並非人死後往生密嚴，只是心識住於密嚴境界，便說生於密嚴。

【經】 **譬如因破瓶　而乃成於瓦**
壞性剎那現　於常見無常
種子生於芽　芽生種已壞
又如彼陶匠　以泥而作瓶
泥若是奢摩　瓶亦如其色
或時彼匠者　兼用雜色泥
比至燒已成　各隨其泥色
從箭竹生葱　從角生於蒜
穢蠅與敗蜜　各得生於蟲
當知世間果　似因不似因
皆因變壞故　乃得生於果
眾塵成所作　體性不變壞

皆是世愚夫　而生妄分別
能作我內我　勝我不可得
亦無於意我　亦無積集因
及以親生因　不從識緣有

【疏】 這裏是說世間必然變壞，與密嚴不壞相對。例如破瓶變為瓦，瓦即由瓶變壞而生。又如種子發芽，芽即由種子變壞而生。由變壞生，即是由於似因與不似因，例如瓶破為因，即不似因；種子發芽，即是似因。世間諸法都依似因與不似因而顯現，所以燒瓶而得泥色，穢蠅敗蜜生蟲等等世間現象，世人都為之建立似因與不似因，由是說由敗壞而得果，這便是邪覺。若知正覺，便知非依敗壞而有生。如依相礙緣起而說生，一切生法無非只是由適應其局限而成立，如人必須適應世間的飲食、空氣等，是即由適應而成生，說為「任運」，此中並無變壞。

以對生的建立為例，愚夫妄分別而成邪覺，所以他們建立的「能作我」、「內我」、「勝我」皆不可得，不能以五蘊為因，亦不能說造物主為親生因。

這裏已入相礙緣起的觀察。

【經】 **智者之境界　善巧力所生**
拔除煩惱刺　降魔並眷屬
世間貪愛盡　如蜜能消瘦
諸仙由有貪　流轉生諸趣
多時所熏習　譬如瞋恚蛇
煩惱火燒然　流轉險惡趣
離貪即解脫　當勤修觀行

【疏】 觀修密嚴的行人，可由智除四魔、降三毒、修對治行。此則隨文易見。

本品決定：無人法二我，即無染邪二覺。有二覺則落於世間，無二覺則得入密嚴。也可以說，無二覺是入密嚴的先決條件。

趣入阿賴耶品第六[61]

【疏】 前文屢屢提到法相唯識，說阿賴耶識生起世間，又說生起密嚴，所以本品便趣入阿賴耶識來作觀察。

全品分為三段：1、先說入密嚴見佛境界，然後讚佛；2、依成佛來觀察阿賴耶識的體性；3、依世間來觀察阿賴耶識的體性。前一段為發起，後兩段為正題。

【經】 **爾時金剛藏　菩薩摩訶薩**
復告諸大眾　仁等應當知
我昔蒙佛力　加持得妙定
明見俱胝剎　修行世定者
[62]**諸佛與佛子　清淨所住處**
於中唯密嚴　安樂最第一

諸佛坐蓮華　有如殊妙殿
我尋從定起　一心以瞻仰
自見住密嚴　佛子眾圍繞
復見解脫藏　住在於宮中
身量如指節　色相甚明朗
如空淨滿月　如阿怛思華[63]
我即心自念　是誰難思事

61 呂勘：藏譯第七品，缺品名，舊譯阿賴耶建立品第六。

62 呂勘：藏譯以下文句不次，今（譯）從舊譯長行改作，故多出入。

63 呂勘：原刻作恆，今依舊譯藏譯改，意謂胡麻花。　按：即芝麻花。

即便見己身　在於彼腹內
亦於中普見　一切諸世間
蓮華藏佛子　以佛神力故
亦皆如是見　咸歎不思議
天中天作已　即攝威神力
大眾悉如故　希有妙難思
瑜祇種種色　是佛之境界

【疏】 金剛藏得佛加持入密嚴定，見眾多剎土，於中密嚴的「樂空」境界最為第一（漢譯為「安樂最第一」），於時即從定起瞻仰諸佛，便見到自己身在密嚴，被諸菩薩圍繞。旋即見到解脫藏菩薩大如指節，清淨光明，光散為明點，如芝麻花。金剛藏心生讚嘆，隨即自身入解脫藏腹內，普見一切世間。是時無量菩薩亦同時見。頌文說「蓮花藏佛子」，即大日如來世界諸佛，大日如來居中，總攝五方佛土，這便等於說是無量菩薩。佛示現畢，大眾所見如故。

這段頌文說勝定中的境界即是佛境界，無有大小、一多等相對，而且無礙。這亦即是緣起盡而見清淨平等。

【經】 **諸仁應當知　佛昔為菩薩**
從彼歡喜地　得至於離垢
發光及焰慧　難勝與現前
遠行及不動　善慧法雲地
獲得陀羅尼　生無盡句義

首楞嚴等定　及以意成身
細性與輕性　大性及意樂
尊貴欲壽等　[64]獲斯八自在
如應而顯現　遊戲於密嚴
名稱妙光明　功德皆成就
轉復得清淨　現成等正覺
化為佛菩薩　種種妙色像
自然遍一切　而轉妙法輪
速令諸眾生　以智斷諸惑
利樂諸趣已　還住密嚴中

【疏】 金剛藏說釋迦經歷十地菩薩而成佛。歡喜地初地、離垢地二地、發光地三地、燄慧地四地、難勝地五地（通世間曆樂種種伎藝，所以難勝）、現前地六地（般若現前）、遠行地七地（由超越識境入智境，所以說為遠行）、不動地八地（深般若現前、如來藏現前，所以不退轉）、善慧地九地、法雲地十地。

及至十地，得聞、法、義、忍四陀羅尼，由是能說無盡法門；於楞嚴定中成意生身，得細、輕、大、樂、尊、貴、欲、壽八種自在；遊戲示現於密嚴國土，得妙光明（妙是法身、光明是報身，妙光明即法身與色身雙運）；由利他而成就功德，由自利而得清淨，於是證如來法身，再示現為報身、化身佛及菩薩，作事業為眾生斷惑，然後還居密嚴。

64 呂勘：勘藏譯舊譯，此句意云：「由意生身得八自在功德。」今譯文晦。

這是說入密嚴的觀修歷程。

【經】 或有諸大士　見佛現色身
莊嚴吉祥相　光明自然發
熾盛如火聚　住於蓮華宮
與諸觀行人　嬉遊安樂定
三摩地自在　處所最殊勝

或見於大樹　緊那羅王身
現於百千億　種種之變化
光明皎如月　遍照諸國土

或見兜率天　無量諸佛子
身如帝青色　功德相莊嚴
首飾摩尼冠　坐於殊勝殿
光明普照耀　一切智通達

或見於普賢　具有大威力
得於一切智　四無礙辯才
身相現光明　獨勝無倫匹
住如滿月殿　密嚴之定海
遍現眾色像　賢聖所稱歎
無量諸天眾　及乾闥婆等
明仙及國王　眷屬眾圍繞

或見最勝子　並諸觀行師
寂靜而住禪　儼如在睡眠
遠離於沉惛　順行諸佛教
勤苦而清羸　示同於外道

六欲及梵天　有頂至贍部
於中而現化　多種之光明
神通調御者　赫奕而熾盛

或見為導師　降胎示誕育
出家修靜慮　乃至般涅槃
佛智不思議　一切皆圓滿
得自在無畏　人天等歸依

【疏】承接上文說成如來法身後示現，於是說六種示現：1、示現為佛色身，即報化兩種身；2、示現為欲界樂天大樹緊那羅身，這是天菩薩身；3、示現為欲界兜率天身，兜率內院是一生補處菩薩的居所，現今為彌勒菩薩所住；4、示現為成就諸世間的普賢菩薩身；5、示現為大菩薩（最勝子）及觀修密嚴定者身；6、示現為人天導師身。

【經】**仁者應當知　諸佛之體性**
智慧最無比　唯佛所能知
如釋迦已獲　人中勝師子[65]
汝等咸當得　生信勿懷疑
信即為佛體　必當得解脫

或作轉輪王　及以諸粟散
乃至生梵宮　而為彼天主
轉生蓮華藏　在彼佛會中

65 呂勘：勘藏譯舊譯，此二句意云：「如是已得釋迦師子。」

蓮華而化生　獲大精進力
由此降魔眾　及欲熏習因
志意無怯弱　證成一道法
紹繼於佛事　得王諸國土

【疏】 由此處起，金剛藏依成佛說阿賴耶識體性。

1、信眾生都能成佛，便必能成佛。信由熏習而成，所以是阿賴耶識體性。信即佛體性，由是決定佛體性與阿賴耶識體性不一不異。

頌文中說「證成一道法」應依藏譯改為「一乘法」。入無分別便是入一乘法。

然而只由信並不成佛，所以說只能生於人天，得大福報，紹繼佛事業。

【經】 **若欲得作佛　當淨佛性道**
種姓既淨已　諸佛即授記
瑜祇轉覺悟　不久當成佛
一切修行者　而為作依怙
譬如彼大地　亦為眾所依
如於妙行者　能療一切病
覺者亦如是　能除虛妄疾
得無分別心　支解不傾動

【疏】 2、承上，接下來是「淨佛種姓」。佛種姓即是阿賴耶識，此識含藏有漏無漏種子，當有漏種子盡時，無漏種子發露，此便說為清淨。既清淨，能起現行的便是無漏第八識，是即說為第九菴摩羅識，其時佛性顯露，便必當成佛，所以說為得佛授記。觀修行人（瑜祇、瑜伽士）開始得覺，成為依怙，除眾生虛妄，又由無分別而作大悲事業，雖受肢解亦不動搖。

【經】 內外之境界　了達皆唯識
能遠離於我　亦離於我所
無能害所害　及以於害具
一切悉皆是　意識之境界
皆依阿賴耶　如是妄分別

如珠合日光　相感而生火
此火非珠出　亦非從日生
心意識亦爾　根境意和合
能生於諸心　如海起波浪
此性非陽焰　亦非於夢幻
非同如是等　迷惑之所取
非同龜鼈毛　及與於兔角
又如雷電合　震發而生火
此火為從木　為從雷電生
意無有定知　此火從生處

如火為從木　造作於瓶等
欲等諸心法　與心而共生
和合無定性　當知亦如是
心境不思議　密嚴者知見

【疏】 3、依瑜伽行古學說唯識。

先說心識與外境本無能所分別，能害所害與害具三者皆不真實，一切分別都由第六意識起。意識以第七末那識為根，末那識則以阿賴耶識為根，所以便說意識依於第八阿賴耶識而生。意識執持自我作分別，只與建立自我的末那識有關，實與阿賴耶識無關。

次說意識依阿賴耶識生起分別，不能說是意識生，亦不能說是阿賴耶識生。此如用透鏡（火珠）取火，不能說是透鏡生，亦不能說是日生，實由二者和合生。於分別時，這和合即成根、境、意識的三和合。

更說這和合生不是迷惑，不是虛無，不同陽燄以至兔角等，但卻如雷電擊木生火，意識亦不能決定是由雷電生抑或從木生。

由和合而生，如木生火，如造作瓶，欲等諸心所即依阿賴耶識和合而生，但卻不能說定由誰生。這決定很重要，否則便不能決定心識亦由緣生。若非緣生，污染的心識便是本體污染，這樣，就不能說阿賴耶識與如來藏不一不異。唯密嚴行人有這樣的知見。

【經】 **有情之藏護　無始妙俱生**[66]

66 呂勘：藏譯謂阿賴耶。

如涅槃虛空　擇滅無為性
遠離於三世　清淨常圓滿
[67]如月有虧盈　顯現諸國土
循環體是一　其性無增減

愚夫所分別　見月有增減
往來於四洲　而實無盈缺
如是之藏識　普現有情界
其體無增減　圓潔常光明
愚夫妄分別　恆於賴耶識
計著有增減　應知亦如是
若有於此識　能正而了知
即便得無漏　轉依位差別
如是差別法　得者甚為難

【疏】　4、說阿賴耶識本來清淨，唯其本來清淨才可以「即便得無漏」。

阿賴耶識如涅槃境界，如如來法身（虛空），以「擇滅無為」為性，是故清淨。擇滅無為是由智作簡別抉擇而滅生死，是涅槃的同義詞。阿賴耶識的清淨可以月為喻，月體常圓，只顯現為盈虧。愚人不識，便依現象說月有增減，此即如對阿賴耶識亦說染不染。

能知阿賴耶識本體清淨，才能得正了知而得無漏，是即得轉迷亂位依清淨位，此位差別甚為難得，實

67 呂勘：藏譯下數句云：「身中之藏識，如新月初增，顯現各別土，依須彌輪轉，而體曾不滅。」

由轉依而成。

【經】 [68]如月在雲中　其性恒明潔
藏識亦如是　與七識俱轉
熏習以相應　體性而無染
猶如河中木　隨水以漂流
而木與於流　體相各差別
藏識亦如是　[69]諸識習氣俱
而恒性清淨　不為其所染

【疏】 5、月在雲中實依然清淨光明，阿賴耶識雖與七識俱轉而受熏習，其體性仍然無染。憑甚麼這樣說？河中流木看來是木隨水流，然而流水與木體性不同，是故流水不能令木的本體受染。阿賴耶識如木，諸識習氣如流水，所以阿賴耶識並未受染。

【經】 清淨與雜染　皆依阿賴耶
聖者現法樂　等引之境界
人天等諸趣　一切佛剎土
如是染淨法　[70]如來藏為因
由彼悟成佛　為諸乘種姓

【疏】 6、說阿賴耶識有清淨與雜染，便即同如來藏。說如來藏緣生人天佛剎一切染淨法，即是說如來法身上

68 呂勘：此二句依舊譯加，藏譯亦同有此文。

69 呂勘：藏譯次三句意云：與七識俱而無雜。

70 呂勘：勘藏譯舊譯皆云：即彼為因轉，不出如來藏之名。

有種種時空的識境隨緣自顯現。為甚麼說這是聖者的法樂、等引境界呢？法樂是由智境現起識境，等引是智境與識境平等，智境能與識境雙運，便可以說為法樂，是亦即樂空雙運。倘如將樂、空兩份分開來說，樂便是染法，空即是淨法。

由是而知，只住智境，或只住識境，都不是聖者的境界。所以如來證智要同時證後得，由後得智來緣識境，這便是智境與識境雙運。於此證悟，即證悟三乘以如來藏為佛種姓。

【經】 **一切諸眾生　有具於威力**
自在諸功德　殊勝諸吉祥
乃至險惡處　上中下差別
賴耶恒住中　遍為作依止
悉是諸有情　無始時來界
以諸業習氣　而能自增長
亦復而增長　所餘之七識
由是諸愚夫　執以為內我
能作所依我　輪迴於生死

【疏】 7、這裏說的眾生通含聖凡而說。聖眾生是由初地起的聖者、小乘四果聖者；凡眾生是六道四生（胎生、卵生、濕生、化生）。聖眾具足威力、功德，凡眾則住險惡處，然而阿賴耶識則平等周遍而住。所以是眾生的「無始時來界」。

諸業習氣依阿賴耶識，自然增長，七轉識便依習氣增長而增長，愚夫即執此為「內我」。所謂「內我」，即以心識活動為我，依我而能作，於是輪迴生死。這樣說來，眾生絕非因有阿賴耶識而輪迴。

【經】 **意識在身中　迅疾如風轉**
業風所吹動　遍住於諸根
常與七識俱　流轉如波浪
微塵與勝性　自在及時方
[71]**悉是淨賴耶　於中妄分別**
賴耶由業力　及愛以為因
成就諸世間　種種之品類
愚夫恒不了　執之為作者
此識之體相　微細甚難知
未見於真實　心迷不能覺
常於根境意　而生於愛著

【疏】 8、第六意識以第七末那識為所依，當與諸根共起功用時，便如波浪流轉，這在愚夫即認為是「內我」活動。要解擇這「內我」的生因，外道便建立「微塵」（一如今日企圖建立「上帝粒子」）、「勝性」（可能已衍化為「聖靈」或「聖神」）、自在、時、方等來作解釋，這些建立生因的玄想，實在只是在清淨阿賴耶識中作虛妄分別。

然而阿賴耶識亦不是作者，只是由心識成立外境的心識基。心識以業力及（貪）愛為因，於是阿賴耶

71 呂勘：藏譯此句云：「唯一善賴耶。」

識緣生諸法，若執之為作者，便是愚夫。唯見真實才能知其體相，不知者便執着於根、境、意（識）而成虛妄分別，是即遍計。

【經】 金剛藏復言　無畏諸佛子
如是賴耶體　云何不見聞

眾身之所依　性淨恆無染
具足三十二　佛相及輪王
遍於三界中　而現種種色
猶如淨空月　眾星所環繞
藏識與諸識　住身亦如是
亦如欲天主　天女眾圍繞
顯於寶宮殿　藏識亦如是
如江海諸神　水中而自在
藏識處於世　當知亦如是
如龍依水天　如百川歸海
如樹王依地　現心亦如是
如日在宮殿　旋繞妙高山
諸天皆敬禮　佛地心亦爾[72]

十種諸地中　修行一切行
在於菩薩身　顯現於大法[73]
遍利與安樂　如來常稱讚
地地皆清淨　故號為佛子

72 呂勘：藏譯作「藏亦爾」，舊譯同。

73 呂勘：藏譯作「大乘」，舊譯同。

在於菩薩身　　是即名菩薩
佛與諸菩薩　　皆是賴耶名[74]
佛及最勝子　　已授當授記
廣大阿賴耶　　當成等正覺

【疏】 金剛藏呼密嚴眾為「無畏諸佛子」，便是說他們有六無畏：1、善無畏；2、身無畏；3、無我無畏；4、法無畏；5、法無我無畏；6、一切法自性平等無畏，可以說這六無畏即是阿賴耶識功德。了知阿賴耶識本性清淨，是故我、蘊、處、界都是同一體性，所以便將六無畏作為蘇息處。由本經說阿賴耶識，於成就世間時，我及蘊處界等，除法界外，都可由阿賴耶識建立，所以行者即可觀修阿賴耶識而得蘇息。這個觀修，由觀修心而證阿賴耶識清淨平等，亦即是證阿賴耶識為如來藏。

現在說趣入阿賴耶識，所以便用這樣的名號來稱呼密嚴眾，並且向他們提到「賴耶體」。下面便說賴耶體，分為四段，今說第一段。

1、說阿賴耶識周遍一切界，亦即是一切法自性平等無畏。說眾身之所依，即是說阿賴耶識，因為身依阿賴耶識而成。頌文說阿賴耶識具足三十二佛相及輪王相，那便是用佛身來說阿賴耶識相。又說阿賴耶識遍滿三界成種種顯現，用七個喻來說，如淨空

74 呂勘：藏譯此句云：「皆依賴耶說。」

月、如欲天主、如江海神、如水天龍、如百川歸海、如樹王依地、如日住宮殿，那便是攝三界而說尊貴顯現。還不只這樣，頌文還說，在佛地因位的菩薩，其心亦是阿賴耶識，於心中顯現十地，由是說「佛與諸菩薩，皆依賴耶說」（依藏譯，參註74）。這就是說阿賴耶識不只周遍識境的三界，而且周遍智境的十地及佛的因地。

本經這樣來說阿賴耶識是用廣說；如果說污染心為阿賴耶識，清淨心為如來藏，那便是分別說；現在將阿賴耶識與如來藏平等，是即為究竟說。由此究竟說，如來藏與阿賴耶識不一不異。如來藏住於心法性，阿賴耶識住於心性，是故不一；二者同樣周遍法界中的智境與識境，是故不異。不過在本經中，完全將阿賴耶識的本性等同如來藏性，那便是說，阿賴耶識的的本性其實便是如來藏，只是阿賴耶識相卻不是如來藏相，如是成立二者不一不異。

【經】 **即此賴耶體　密嚴者能見**
由最勝瑜祇　妙定相應故
諸佛與緣覺　聲聞及外道
證理無畏人　所觀皆此識

【疏】 2、阿賴耶識體性周遍智境識境，只與修最勝瑜伽的行人相應。不過，儘管緣覺、聲聞、外道的觀修不是最勝瑜伽，但其實他們的觀修亦是觀阿賴耶識。只不過是「證理無畏人」（觀最勝瑜伽成就六無畏的行人）之所觀，能觀入阿賴耶識的體性，而不落阿賴耶識相。

由觀行來認識阿賴耶識，可以說一切觀行平等，即使是外道的觀行，他們的觀行境，實在亦由阿賴耶識所生。如梵王、天主，及種種宗見，實在亦依阿賴耶識而生。這便是建立阿賴耶識體性為大平等性，一如《維摩詰經》之所建立。

【經】 **種種諸識境　皆從心所變**
瓶衣等眾物　如是性皆無
悉依阿賴耶　所見皆迷惑
謂以諸熏習　妄生能所取

體非如幻化　非陽焰毛輪
非生非不生　空不空遠離
有無皆無性　長短等亦然
智者觀幻事　此皆唯幻術
未曾有一物　與幻而同起
有情所分別　如幻而可見
陽焰毛輪相　二俱不可得
離一亦無二　無過世當世
此皆識變異　無幻無幻名

諸性無所得　是幻幻所作
世間有迷惑　其心不自在
妄說有能幻　幻成種種物
動搖及往來　雖見皆非實
如鐵因磁石　所向而轉移

藏識亦如是　隨於分別種
一切諸世間　無處不周遍

如日摩尼寶　無思及分別
此識遍諸處　見之謂流轉
[75]不死亦不生　本非流轉法
如夢見生死　覺悟即解脫
佛子若轉依　即名解脫者

【疏】　3、這裏的長段頌文，所說其實只一句話：阿賴耶識體非如幻化，七轉識之所轉起即同幻化。

頌文先說「種種諸識境，皆從心所變」，這是說阿賴耶識變現識境一切法，由此知一切法都無自性。或問：不是說「緣生無自性」嗎？答：阿賴耶識變現亦是緣生，所以與緣生性空不相違。讀者須知，凡說究竟法，必與法異門不相違。更問：識變現如何是緣生？答：這可以分兩方面來說：一者、由識聚變現，識聚即是因緣，無因緣便不成聚，所以可說為緣生；二者、阿賴耶識變現識境，依本經所說，即是如來藏成立識境，如來藏由如來法身功德為因，一切諸法任運為緣（任運即是對一切相礙的適應），所以亦是緣生。這便說為如來法身上有識境隨緣自顯現。此說「隨緣自顯現」，便是「任運圓成」。

頌文易知，不贅。

75　呂勘：勘藏譯次二句意云：「雖有生死法，而無流轉者。」今沿舊譯誤。

【經】 **此即是諸佛　最勝之教理**
審量一切法　如稱如明鏡
照曜如明燈　試驗如金石
正道之標相　遠離於斷滅
修習勝定者　皆由清淨因
令離諸雜染　轉依而顯現

【疏】 4、成立阿賴耶識體性，是諸佛「最勝之教理」，因為阿賴耶識即是如來藏，即是涅槃，所以便是三世諸佛的教理。

更說用阿賴耶識來「審量一切法」，如秤（稱）之平，如明鏡之清淨，是即用如來藏的「清淨大平等性」來觀察一切諸法，這便是觀行者的究竟觀察，所以說阿賴耶識體性是「正道之標相」。此中離一切相對，由知對一切相礙任運而成無礙（適應一切礙而成無礙），這便是修習密嚴定的清淨因，由此清淨而成轉依。

上來四點，先由識境來說，然後說周遍智境；先由三界來說，然後遍及如來法身，建立清淨大平等性，那便是趣入阿賴耶識而見其體性，決定阿賴耶識以清淨大平等性為體性。

卷下[76]

我識境界品第七[77]

【疏】 前文屢說無我，然而「我」的概念從何而來，成人我執、法我執，這問題即在本品討論。於討論前先設惡獸喻，喻我執的害處，這是佛家著名的比喻。

【經】 **爾時，金剛藏菩薩摩訶薩遍觀十方，從髻珠中出大光明，照諸世界及他化自在天宮，並密嚴中諸佛子眾。放斯光已，即告一切佛法如實見菩薩言：仁主，雪山之中有一惡獸名為能害，百千變詐以取諸獸，應可食者殺而食之，若見牝獸名能之者，即須便為呼子之聲，害而食之。若時或見有角之獸，便現有角，與其相似而往親附，令無所畏殺而食之。見牛羊等種種諸獸，悉同彼形而肆其害。仁主，如彼能害，現種種形以殺諸獸，一切外道亦復如是，於阿賴耶所生我見執着我相，猶如惡獸變種種形，亦如彼彼自類計我各各差別，乃至極小猶如微塵。**

【疏】 金剛藏示現放光，特別提到他化自在天（Para-nirmita-vaśa-vartin）。嬈害正法的天魔有二：一個是色界主大自在天（Maheśvara），另一個便是欲界主

76 呂勘：舊譯分卷與今同。

77 呂勘：藏譯自了別境界品第八，舊譯自識境界品第七。

他化自在天。然而後來大自在天已受佛調伏，如今金剛藏放光照他化自在天宮，即有調伏、除障之意。

惡獸能害食種種獸，亦有喻意：食有子牝獸，是比喻害聲聞乘人，因為能害是用聲音來誘惑；食有角獸是比喻害獨覺乘人；食牛羊諸獸是比喻害人天乘人，這人天乘亦包括外道眾，因為他們之所修即是為了死後能上天堂。

外道的為害，是令學人對阿賴耶識起我見，執着我相，更由此計種種事物成法我，於微塵亦不例外，此如今人之執「上帝粒子」。

【經】 **仁主，是諸我執依何而住？不住於餘，但住自識。計我之人言，我與意、根、境和合而有識生[78]。本無有我，如華與衣合即有香氣，若未和合衣即無香。是故當知但唯有識心及心法，若離於識心心所法則無有我，如器中果，如燈照瓶，如伊尸迦文闍之草而可得者。但以因緣心心法生，此中無我亦無有生。微妙一相本來寂靜，此是覺悟勝觀行者自證境界。**

【疏】 金剛藏破我執，由問「我執依何而住」而破，這便問着了要害。若我執有真實住處，還可以依其住處來建立它的相，此如如來法身功德，住於如來法身，因此就可以建立為「明相」，而且還可以將一

78 呂勘：藏譯次有句云：「然離我等和合因緣無我。」舊譯同。

切法視為明相自顯現。如今觀察我執，我執只住在心識中，亦即我執實由心識建立，但計我的人卻認為，由我、意、根、境和合而生識，所以是有我然後有識。這時，他們並不將執自我的意看成是心識的功能，如數論師，即將「觀照自性的意」定義為「神我」，這樣一來，便似說緣起而實在不成緣起，因為他們先已建立「我」為有、「意」為有，然後說我、意二者與根、境和合，是即由有來建立神我，那便自然可說為有。可是，既已先建立「我」，再從而建立「神我」，這先建立的「我」，可以經得起考察嗎？

金剛藏因此就用「本無有我」來破外道。說不出我如何成為有，只說為大自在天所造，用「緣生」來考察，就可以說為「本無」。若本無花，何來衣香？因此數論師所執的我及神我都不成立。

依心識為緣才有「我」可得，所以非如得「器中果」、用「燈照瓶」而得見瓶中物、如意牛可得如意草（伊尸迦文遮，iṣṭakāmaduh muñja）。因為僅住於心識中的「我」實不能得，它只是「以因緣心心法生」，心識施設，不成為有。

【經】 **如彼惡獸多所傷殺。然諸外道亦復如是，養育增長世間惡見、無知法智，而彊分別執有執無、若一若多、我我所論。所以者何？由不覺悟唯識性故，思渴邪慧往來馳騖，生死輪轉，遠離諸佛菩薩善友，違背解脫，動搖正慧，不能修持八支聖道，於彼三**

乘乃至一乘都無所證。由取執着不見聖諦，於密嚴名號尚不得聞，何況其土而能得入。

【疏】 外道殺傷慧命，不知法智而作分別，於是一切皆落於相對，說有無、說一多、說我與我所。這都是不知一切法都是由心識變現而成顯現。受外道影響的人，既落於相對而執我與我所，自然跟密嚴沾不上邊。

【經】 **仁主，諸深定者咸於此識淨除我見，汝及諸菩薩摩訶薩亦應如是，既自勤修復為人說，令其速入密嚴佛土。**

【疏】 由是決定：行者應於心識中淨除我見。這即是重重緣起超越成「二無我」的觀修。

阿賴耶即密嚴品第八[79]

【疏】 最後一品談密嚴，以「身即剎土」為主題，成立阿賴耶識即是密嚴剎土。此分基、道、果而說。

頌文分三大段；1、依教法而說。先說相、名、分別而說入無分別定，然後通說五法、三自性、八識、二無我，最後細說阿賴耶識，是即為基；2、依觀行而說密嚴定，是即為道；3、依觀行密嚴定的要點而說，能得要點（法眼），是即生密嚴因，此即為果。

【經】 **爾時金剛藏　為明此藏識**
[80]即密嚴之義　告如實見言
如磁石吸鐵　常能自轉動
如蘊車性空　轉動由習氣
草木土竹等　及繩以成舍
和合而可見　身蘊亦如是
起屍磁石鐵　轉動如有情
一切皆亦然　如是蘊無我

【疏】 於說教法之先，說入無分別。

金剛藏為了說阿賴耶識即是密嚴剎土，便對如實見菩薩說兩個喻來說身蘊：一說磁石吸鐵令鐵轉動，喻習氣動而七識轉動，於是令身蘊動；二說由草木等結成房舍，即由和合而成，身蘊亦如是和合而

79 呂勘：藏譯第九品，缺品名，舊譯阿賴耶微密品第八。

80 呂勘：舊譯缺此一段四頌，藏譯缺為明此藏識二句。

成。由是說有情身蘊非因有動的自性（動的本能）而動，實由心識而令其動，是即由於他法而動，此如屍起由於咒術、鐵轉由於磁石。身蘊既依緣生，身動又依他法，是即可決定為「蘊無我」，這是以身蘊通例五蘊。

【經】 **時寶手菩薩[81]　白眾色王言**
王今應請問　金剛藏定者
一切諸世間　所有於眾識
無覺離於覺　遠離諸言詮
[82]相應不相應　二種之名字
彼世間所有　自性云何住
此會諸佛子　專心咸願聞

眾色最勝王　即隨義而問
名想等境界　一切世間法
為唯是分別　為離分別有
如其所立名　是名依何住

【疏】 寶手菩薩請眾色王問金剛藏。寶手菩薩有淨菩提心如意珠，能成就世間出世間。由他發起問法，正是因為阿賴耶即密嚴這個論題，便是說出世間（智境）與世間（識境）雙運境界。

寶手請眾色王問：觀修行人於離世間覺受時，遠離言說，是則對世間相應不相應兩種名字，應依甚麼

81 呂勘：此問辭五頌，舊譯錯作長行。

82 呂勘：藏譯此二句云：「離名與有名，而如彼和合。」今沿舊譯錯。

來成立？

這裏說的相應名字，例如「觀世音」、「妙吉祥」，名字與功德相應；不相應名字，例如窮人名為「錢大富」。

眾色王於是問：一切世間法都依名言與概念（名與想）來分別，是即名言住於概念。如果離此分別而成的「有」，名的有要依甚麼來成立呢？

這問題即是問五法的相、名、分別，此三者相依，所以離一即可離三。但世間不可無名言，所以才會問到：若離分別，名依何住。

【經】 **金剛藏聞已　即告色王言**
一切唯有名　亦唯想安立
從能詮異故　所詮不可得
四蘊唯名字　[83]是故說為名

如名摩納婆[84]　但名無有體
諸佛及佛子　說名唯在相
離相而有名　不可得分別
是故依於相　分別有諸名
[85]如匿兔未勿　假名不可得
於相無所有　愚夫妄分別

83 呂勘：藏譯此句云：「餘分別唯色」，今沿舊譯錯。

84 呂勘：慧琳音義，摩納婆正緐為勝處我，毗紐天外道常觀心中我長一寸，智論如芥子，如豆麥，為淨色，按此是絕無之事也。

85 呂勘：匿兔，舊譯作秩吐，亦絕無之物。按，呂說應誤，見拙疏。

【疏】 金剛藏答眾色王：一切法唯依名字而成有，名字依於想（概念）。照理說，名字（能詮）應該能够詮釋這個概念（所詮），可是一個概念卻可以建立許多個名字，例如一個小孩，可以叫做娃娃，可以叫做寶貝，也可以叫做小豬，那就說明，相異的能詮不可靠，除了名字還要靠其他一些因素，我們才能理解這個「想」到底甚麼意思，此如見媽媽抱着小孩叫小猪，我們才曉得小猪原來是小孩。是即知道，不能光靠能詮的名字來得到所詮的概念。

因此，建立身蘊的四蘊，亦唯有地、水、火、風等名，名之外即無所有。勝論師建立一個名字叫「摩納婆」（mānava），概念是「勝我」，這亦如四大，僅有名字。

要怎樣來正確認識「名」呢？佛家由相來說名，離相而說名，便不能認識這名的表義，是即不能用名來分別事法。例如說「張三李四」（印度人說「匿兔未勿」等於我們說「張三李四」），由於無有張三李四的相，所以就連假名都不能成立。

由上說可知，名實在是依相來建立，不是依於想，由是分別亦實依於相。這樣就曉得，唯由離相才能離分別，是即建立觀修無相。

【經】 **世間亦如是　離相無有名**
瓶衣車乘等　名言所分別
名相雖可說　體性無所有

世間眾色法　但相無有餘
唯依相立名　是名無實事

王應觀世法　離名無所有
但以分別心　而生於取著
若離於分別　取著即不生
無生即轉依　證於無盡法[86]

【疏】「事」依分別而有，所以便跟相、名、分別三者有關。瓶、衣、車等事由名來分別，名則依於其相，唯此而已，故可決定只有名與相而無真實的事。世間一切法，離相即離分別，離名即無所有。由這決定即可了知，世人由名起分別，由分別而取著相，由相來說生（有、實事），實與相、名、分別三者的實際關係相違，因為將分別看成真實，而不知唯有名與相。如是，世人說「生」既由分別而生，那麼離分別便無有生。無生即是轉依，這樣就可以決定，轉依要依無分別而現證。

【經】**是故大王等　常應觀想事**
但是分別心　離此即無有
形相體增長　散壞質與身
如是等眾名　皆唯色之想
相名及分別　體性本無異
隨於世俗義　建立名不同
若捨離名字　而求於物體

86 呂澂：藏譯次有二句云：「無因故無名，依唯想分別。」

過去及未來　此皆不可得
但諸識轉變　無有所知法
所知唯是名　世間悉如是

以名分別法　法不稱於名
諸法性如是　不住於分別
以法唯名故　相即無有體
相無名亦無　何處有分別

【疏】 觀察相、名、分別，最終決定觀修無分別而成轉依，現在便說無分別。

成立一切事唯由分別心，說現象生滅增減，無非依名言而成的概念，所以相、名、分別同一體性，都只是心識的轉變。不過世人對心識一無所知，便唯有執着名字。殊不知由名來分別諸法，法與名不相稱，如說「法界」，其實無限無邊何嘗有界。既不相稱，便無一法能說是依分別而成立。

這樣，證悟相、名、分別都不真實，便得入無分別。

下頌即說教法。

【經】 **若得無分別　身心恒寂靜**
如木火燒已　畢竟不復生
譬如人負擔　是人名負者
隨其擔有殊　擔者相差別
名如所擔物　分別名擔者
以名種種故　分別各不同

如見杌為人　見人以為杌
人杌二分別　但有於名字

【疏】 頌文前二句說定，寂靜是得定的境界。接下來即對相、名、分別作抉擇。

現在總結一下：世間一切法唯名（人唯依名言來認識法），名則依相的概念而成立。是故可以決定，依相作分別而有名，依名作分別而有事。

頌文舉例，依擔者相便可分別成種種名，如擔柴人、擔菜人等。再依名來分別便可以成立事（事物），如人、杌。杌是矮椅，印度的杌有靠背與扶手，遠看石杌便如人蹲坐，所以佛經常以此為例，來說分別不真實，唯有名字。

【經】 **諸大和合中　分別以為色**
若離於諸大　體終不可得
如德依瓶處　瓶依名亦然
捨名而取瓶　瓶終不可得
瓶不住瓶體　名豈住於名
二合分別生　名量亦非有

住於如是定　其心不動搖
譬如金石等　本來無水相
與火共和合　若水而流動
藏識亦如是　體非流轉法
[87]**諸識共相應　與法同流轉**

87 呂勘：藏譯此半頌意云：「與七識俱起，常依業而轉。」

如鐵因磁石　　周回而轉移
二俱無有思　　狀若有思覺
賴耶與七識　　當知亦復然
習氣繩所牽　　無人而若有
遍滿有情身　　周流於險趣
如鐵與磁石　　展轉不相知

【疏】 一切色法依四大和合而成色相，依色相分別而有色法之名，倘若離開四大，那便唯有名字而無色法的事體。

現在以瓶為例來作分析。瓶的功能（德）依於瓶，瓶本身則依於「瓶」這個名字，離「瓶」此名便不得瓶。然而「瓶」名亦實不可得，因為它實在是由「相分別」與「名分別」等二種分別和合而成。

住於這樣的抉擇來入定，便可成為定（心不動搖）。為甚麼呢？因為於觀修時抉擇一但成為決定，七轉識便不再流轉，只住於決定境中，由是阿賴耶識亦不流轉，這樣便成定境。

頌文即說明這個道理。先說阿賴耶識何以會轉動，那是因為與七轉識和合的緣故。以金屬作例，金屬本來沒有水相（不流動），但與火和合時（被火熔化時）便呈流動的水相。阿賴耶識有如金屬，七轉識流轉有如火，所以阿賴耶識本不流轉，只是與七轉識和合時才流轉，有如本無水相的金屬現為水相。再說，藏識依七識而流轉是自然而然，喻為磁石吸鐵，鐵本身完全被動，磁亦並非主動，所以說是自然而然。

藏識與七轉識和合而轉動，便成分別。這分別亦依於習氣，亦即由習氣牽引，藏識轉動時之所覺便是我們的分別。分別一起，便遍滿有情，由是有情即依分別而建立一切法為有，從此生死輪迴，這亦變成是自然而然的事。

【經】 或離於險趣　而得住諸地
神通自在力　如幻首楞嚴
乃至陀羅尼　莫不皆成滿
讚佛實功德　以之為供養

或現無量身　一身無量手
肩頭口及舌　展轉皆無量
往詣十方國　供養諸如來
雨華及衣服　頭冠與瓔珞
種種寶莊嚴　積如須彌等
供養薩婆若　佛及諸佛子

或作寶宮殿　如雲備眾彩
化現諸天女　遊處於其中
妓樂眾妙音　供養於諸佛
或與佛菩薩　遊止常共俱
一切諸魔怨　自在而降伏
得自覺聖智　正定以莊嚴
已轉於所依　即見法無我
五法三自性　及與八種識
能成就諸明　住定常供養

【疏】 這裏說在定中供養佛。在觀修時行者持定中的覺受，作種種觀想而供，這有很高的理趣。在定中離相、名、分別來起覺受，持覺受而作觀想，七轉識所起的境界，以及藏識流轉的境界便成清淨的任運，由是如來法身功德的「明分」（了別分）即能為行者悟入，這是證悟智識雙運境界的開端，亦即是悟入無分別的心理狀態。

這裏說的供養，是由行者依自己的心識與心識功能（如七情六欲），衍化成情器境而作供，如諸天女。即由色、聲、香、味、觸等五妙欲所化而成；五方佛由五毒化成；五佛母由五蘊化成；菩薩由八識化成等。

頌文易知，不再詮釋。

【經】 **或現身廣大　或現如微塵**
種種諸色身　供養於諸佛

或身納諸剎　剎入芥子中
大海為牛跡　牛跡或為海
其中諸有情　無有所逼惱
平等施資用　如地及日月
如水與火風　如寶洲妙藥
普能作饒益　長養諸有情

【疏】 這段頌文所說的供養，是菩提心供，亦即行者以心光明作供。心光明由阿賴耶識轉起，有如水晶，光破水晶而出，周遍法界。於勝義世俗雙運（了別分）中，離大小的相對而以色相身作供，同時又生起情器世間之所須，用以利益有情。

頌文至此，第一大段依教法說身即密嚴，先說相、名、分別，由是說無分別定（如幻定、首楞嚴定）畢。

【經】 **諸法不生滅　不斷亦不常**
不一亦不異　不來亦不去
妄立種種名　是為遍計性

諸法猶如幻　如夢與乾城
陽焰水中月　火輪雲電等
此中妄所取　是為遍計性

由彼彼名詮　以名彼彼法
於彼不可得　是為遍計性

一切世間法　不離於名色[88]
若離於能詮　所詮不可得
如是遍計性　我說為世間

【疏】 由此處起，說第一大段正示教法部份，依次說三自性、五法、八識、二無我。這是觀修無分別的決定。亦即是得入無分別後，回過頭來依無分別再作決定。必須這樣，然後才能依決定觀修而成現證。

說三自性先說識境八不。若將現象（相）立為生

88 呂勘：勘藏譯不應有此字，今沿舊譯衍文。

滅、常斷、一異、來去等名，那便是虛妄分別的遍計自性相。

然而如何能說此為遍計自性相呢？

於是以如幻等八喻來說八不，即不生不滅等，這些喻在前面已經說過。以其名與相不相應，如本來無生卻說為生，本來無滅卻說為滅，如是便無須推理（不須依因明立量來觀察），即可在定境中決定，將生滅等現象建立為有即是遍計。

由觀察遍計可成現證，凡依名言建立為「有」，此「有」實不可得，無非只是「遍計有」。於是即可現證，由於一切世間法不離於名（頌文「**名色**」有誤，見註88），是即以名為能詮，以事物為所詮，能詮不成為有，所詮自然亦不能成為有，是即一切世間法實由遍計而成顯現，所以是遍計自性相。

這裏說定中觀察等等，在實修時，有儀軌可以依循。儀軌建立一個所緣境相，行者即依所緣境相來觀察，所以並不是只觀生滅等名言，而是觀察生滅等相。若依名言來觀察名言，那便亦不成觀察。現在將依儀軌修習視為密乘的法門，依名言來推理視為顯宗的法門，其實恐怕未必適合，除非假定古代行人可以無修而證，否則行人必須觀行，不能唯落推理，一如今日許多侈談識境而以為究竟的學人。

【經】 眼色等為緣　因三和合起
聲依桴鼓發　芽從地種生
宮殿與瓶衣　無非眾緣起
有情及諸法　此悉依他性

若法是無漏　其義不可捨
自覺聖智境　[89]此性名真實

【疏】 說依他自性相，是跟遍計自性相作一比較。凡說依他，必依因緣而起，頌文舉出三個例子：一切現象由根境識三和合而成顯現；鼓聲依敲鼓與鼓二者和合而成聲；芽依種子與土地和合而發芽。由例可知，宮殿、瓶衣，以至一切有情、一切諸法，都依緣起而成為有，是即遍情器世間都是依他自性相。

或問：無漏法是否亦是依他？

答言：在「自覺聖智境界」中，見「法無我性」（此處依藏譯，見註89），既然是法無我，不落緣起的無漏法自然不是依他。但若落言說，亦可以說有漏無漏法皆是依他，是即頌文所說的「其義不可捨」，此即不可捨言說之義，否則便破壞世間。

【經】 諸法相差別　已說其自性
若離自性門　諸法不明了
如眾物和合　現作幻化形
眾色雖不同　性皆無決定

89 呂勘：勘藏譯云：「法無我性。」

世事悉如是　種種皆非實
妄情之所執　遍計無有餘
譬如摩尼寶　隨色而像現
世間亦復然　但隨分別有
體用無所在[90]　是為遍計性
如乾闥婆城　非城而見似
亦非無有因　而能如是見
世間種種物　應知亦復然

【疏】　此處說，由遍計自性相與依他自性相，即知法相差別。也即是說，如果不由自性來說相，對一切法便不能明了。

如果由自性來說相，便可以說一切諸法實由和合而成（依他自性相），但世人則依遍計，將一切法建立為遍計自性相，所以是「妄情之所執」。喻為摩尼寶顯現眾色，隨分別顯現一切法。然而，一切法亦並非無因而能見，本來是依他而見（三和合而見），卻落入遍計而見，是即如乾闥婆城，無城而見城。

【經】　**日月等宮殿　諸山及寶山**
煙雲相擊觸　未嘗有雜亂

無共無自他　體性皆非有
但是所分別　遍計之自性

90 呂勘：藏譯次有句云：「如幻夢與雲，又陽燄水月。」

諸物非因生　亦非無有因
若有若非有　此皆情所執

【疏】 或問：日月等不見雜亂，並非無而見有，是則遍計又有何過失，怎能用乾闥婆城來比喻。

答言：一切法無共自性，亦無自自性、他自性，皆由分別而成，這便是遍計自性。這即是說日月等亦由分別而成，因為分別不真實，所以才比喻為不真實的乾闥婆城。

在這裏，只是說一切法非因生、非無因生，因為說有因、說無因，都只是有情的執着。這樣便知道說一切法相依遍計而成，並非建立有因無因。

【經】 **名依於相起　二從分別生**
正智及如如　遠離於分別

【疏】 這一頌說五法。

名與相依分別而生，正智與如如離於分別。這即是觀察五智的決定。

在無上瑜伽密的觀修中，行者自成本尊，依名、相而成，所以落於分別。及至迎請智慧尊，則是觀修如如。行者的覺受，方便說之為智。

【經】 **心如相顯現　相為意所依**
意與五心生　猶如海波浪

習氣無有始　境界亦復然
心因習氣生　境令心惑亂

依止賴耶識　一切諸種子
心如境界現　是說為世間

七識阿賴耶　展轉互相生
如是八種識　不常亦不斷
一切諸世間　似有而安布

【疏】 此處說八識。

世人見外境，以為外境相由外而生，由眼而見外境相。實際上不是這樣，外境在心中生起相分，由心的見分而見，所見的只是相分所顯相，而不是直接見到外境所顯相。正因為這樣，同一外境才有相的差別。此如唯識家常舉的例，人見為水的外境，餓鬼見為膿血，這樣便說為「**心如相顯現**」。這裏說的心是阿賴耶識。

頌文說「**相為意所依**」，這是說依第七識（意）而成二取（意為能取，相為所取）。頌文說的「**意與五心生，猶如海波浪**」，這裏說的意是第六意識，與餘五識俱轉起，由是分別外境。

依這樣的機理，相只由心的分別而生，心外更無有相，所以便可以說見分與相分依於習氣。頌文說「**習氣**」指見分，說「**境界**」指相分。由此便可以決定「**心因習氣生，境令心惑亂**」。

有情怎樣成立世間？實在是依阿賴耶識而成立。阿賴耶識含藏「**一切諸種子**」，當見分緣相分時，種子現行，這樣便「**心如境界現**」，所現種種，即成立世間。

由阿賴耶識成立世間是本經的究竟決定，讀者對此須加注意。

接着的頌文，再說阿賴耶識成立世間的機理。

阿賴耶識生七轉識，七轉識生阿賴耶識中的種子，所以便說八種識不常不斷。由八種識的運作，世間一切諸法「**似有而安布**」，其所謂「**有**」，只是「**似有**」，非真實有。

【經】 **有計諸眾生　我等三和合**
發生種種識　了別於諸境
或有妄計言　作者業因故
生於梵天等　內外諸世間

世間非作者　業及微塵作
但是阿賴耶　變現似於境

藏識非緣作　藏亦不作緣
諸識雖流轉　無有三和合

【疏】 由此處起說二無我。

先說兩種錯見：一是以為「**了別於諸境**」亦是因緣和合，是即阿賴耶識亦由因緣和合而成，這樣的錯見，是由於以因緣和合來成立人我與法我；二是外道說建立作者、業（非佛家所說的業因）等，而成立內外世間分別，由是成立人我與法我。

頌文先否定後者。說世間唯是阿賴耶識變現而成似有，不是作者、業、微塵等種種外道的建立所作。接着否定前者，說阿賴耶識非由緣作，阿賴耶識亦不作緣，所以不能說是因緣和合而成識，由是即根本否定了人我與法我。

至於三和合，只是諸識流轉的現象，這流轉的情形是阿賴耶識生起諸識，然後隨轉識流轉。這其實只是心識功能的機理。若由開悟改變心識的功能（轉依），是即無有流轉，如是阿賴耶識即成無漏。因此不能依三和合，以為心識分別即是緣生。

【經】 **賴耶體常住　眾識與之俱**
如輪與水精　亦是星共月
從此生習氣　新新自增長
復增長餘識　餘識亦復然
如是生死轉　悟者心無轉

譬如火燒木　漸次而轉移
此木既已燒　復更燒餘木
[91]**依止賴耶識　無漏心亦然**
漸除諸有漏　永息輪迴法
此是現法樂　成就三摩地
眾聖由是生　從剎至於剎

91 呂勘：藏譯此頌云：「依賴耶有心，有漏無漏等，由習氣熏習，流轉或還滅。」次有一頌說賴耶為諸法因，又依於施設及無漏法，故為境與有境。

譬如微妙金　在礦不能見
智者巧陶鍊　其金乃明顯
藏識亦如是　習氣之所纏
三摩地淨除　覺者常明見

如酪未攢搖[92]　酥終不可得
是故諸智者　攢酪而得酥
藏識亦復然　諸識所纏覆
密嚴諸定者　勤觀乃能得

【疏】 人的心識功能微妙不可知，所以才施設為八種識，又施設心識的基本功能為阿賴耶識，由這基本功能可以衍發成七轉識，亦即是七種功能[93]，並不是我們的心本來就有八份。但由這施設，便容易解釋心理現象。先建立阿賴耶識為本識，由本識生起轉識，然而這本識亦隨同轉識而轉，這便是世人的心理狀態，由這心理狀態，便可以將世間建立為似有、似境，只不過世人卻將這似有、似境視為真實有、真實境。於開悟時，心識即無有轉動，是即無有分別，由是人我與法我都成無有。本段頌文所說的即是這點。

頌文先說凡夫的心識狀態：「賴耶體常住，眾識與之俱。」比喻為輪與輪輻同時俱在、水晶與光同時俱在、眾星共月同時俱在，由此即知八識其實只為

92 攢，原作鑽，今改。下同。

93 將八識說為心的八種功能，可能令現時的唯識今學學人所不滿，認為八識各有性相用，非唯是用。其實，八識能建立性相用，是將心識分為八份之後的事，至於何以要將心識分為八份，是即依心識的功能施設為八而分。

一心。但當七轉識轉動時，生起習氣，習氣增長，又增長七轉識，於是習氣與七轉識彼此相互增長，由是即成生死流轉，唯開悟者識無流轉。對於識無流轉，頌文依三個喻來說。

第一喻，喻為火燒木。火燒一木，可以更燒餘木，所以只須阿賴耶識清淨，餘七識亦可同時清淨，由是可以決定，所須清淨的只是阿賴耶識，不必一一對治八識。於阿賴耶識成無漏心時，即現法樂，是即三摩地果，凡夫亦即轉成聖者。

第二喻，喻為陶鍊金沙。此即說阿賴耶識為習氣所纏，須由三摩地漸次淨除，行者漸次開悟，至成覺者時，即見阿賴耶識為密嚴剎土，此如淨除礦石，金沙顯露。

第三喻，喻為攢酪得酥。阿賴耶識與七轉識同體，此如酪與酥同體。當酪與酥混同時，不得見酥，是故阿賴耶識亦不能見。若如攢酪得酥，修密嚴定者，即能明見阿賴耶識種種機理，此即如得酥。當明見阿賴耶識時，即明見現境，由是而成開悟。

這三個喻的次第，由高至低：攢酪得酥，是初修密嚴定者的境界；陶鍊金沙，是定中漸次得果的境界；火燒木，是由修密嚴定而成覺者的境界。

至此，明二無我畢。

【經】 **密嚴是大明　妙智之殊稱**
佛子勤修習　生於此剎中
色及無色界　空識非非想
於彼常勤修　而來生是處

此中諸佛子　威光猶日月
修行得正定　演說相應道
諸佛與灌頂　咸皆授其位
如來所證法　隨見而轉依
雖處密嚴場　應物而變化
隨彼愛樂法　住空而演說

【疏】 由本頌起，說阿賴耶識即是密嚴。

由心識無轉動即成無漏，便可以說阿賴耶識無轉動即是密嚴剎土。在這裏必須知道，所謂無轉動，並不是心識不起功能，只是心識不依習氣而轉動，亦即不依名言與句義而轉動，亦可以說是不依分別而轉動。

「大明」、「妙智」便是密嚴的同義詞（「殊稱」），菩薩勤修密嚴定，即由三界來生密嚴，所以頌文稱讚諸佛子由修行得正定，如是自利，復依相應而演說佛法，如是利他。由是得諸佛灌頂，得諸佛授記，依隨正見而成轉依，依如來內自證法而得入住密嚴剎土。住入剎土後，即住如來法身（「住空」）隨緣說法，這便是勝義菩提心與世俗菩提心的雙運，亦即如來藏智識雙運境界，說為密嚴境界。

【經】 是時金剛藏[94] 復告大眾言
賴耶無始來 為戲論薰習
諸業所繫縛 輪轉無有窮
亦如於大海 因風起波浪[95]
恆生亦恆滅 不斷亦不常
由不悟自心 隨識境界現
若了於自心 如火焚薪盡[96]
通達於無漏 則名為聖人

【疏】 由本段經文起，依教法細說阿賴耶識。本段頌文為總說。

無始以來阿賴耶識「為戲論薰習，諸業所繫縛」，由是眾生不識阿賴耶識即是如來藏、即是密嚴剎土，是故「輪轉無有窮」（輪迴不斷）。阿賴耶識的輪轉，有如大海因風起浪。依藏譯（參註95），更說阿賴耶識與七轉識輾轉相依，更與習氣輾轉相依，此即因風起浪，習氣比喻為風。

然而阿賴耶識不可說為恆常，只是相續不斷，恆時或生或滅。因恆時生，是故不斷；因恆時滅，是故不常，識境顯現即是阿賴耶識生滅變現的現象。在這裏沒有詳說種子受薰而起現行，現行又生種子等等，種子生起時可說為生，種子起現行時可說為滅。

94 呂勘：藏譯缺此二句，舊譯以下錯為長行。

95 呂勘：藏譯次有一頌，「明賴耶相續不斷，如是諸識皆依賴耶，由習氣增，或起或滅。」

96 呂勘：勘藏譯次有二句云：「藏識現眾境，由轉依無漏。」今譯脫文。

倘若了知阿賴耶識的受薰，實以習氣為因，則於定中淨除習氣，便由轉依而成無漏（參註96）。此即喻為「如火焚薪盡」。

【經】 **藏識變眾境　彌綸於世間**
意執我我所　思量恆流轉
諸識類差別　各各了自境
積集業為心　遍積集名意
了別名為識　五識取現境
如翳見毛輪　隨見而迷惑
於似色心中　非色計於色

【疏】 總說阿賴耶識後，更作細說。今先說阿賴耶識變現一切外境（「藏識變眾境」）。

阿賴耶識變現外境，即是成立世間，因為世間即依種種外境而成立故。這是觀修密嚴時必須先具的決定。於決定前，則須先了知七轉識的機理，頌文於此只作略說，其詳則須參考瑜伽行有關諸經論。

今且略說。

由於習氣，第七末那識（意）執着我與我所，於是恆轉思量，便成「我執」，一切思量從未離開過自我。

接着，五識起功能，「各各了自境」，亦即對自己所緣的境界生起了別，如眼識了別色、耳識了別聲等，這些了別即成為業。在這裏所說的業，並不是由善惡所感而生的業，只是由識動而生。如是諸業積習在阿賴耶識中（「積習業為心」）。

與此同時，第六意識必與五識同時起功能，如眼識了別一外境，必須由意識起用，然後才能成立此外境。此如眼識唯了別一堆深淺的綠色，由意識參與，然後才能成立此為樹林，若無意識起用，便只能見到形色。意識能遍參與五識而起用，所以說「遍積集名意」，而五識則是「了別名為識」。

這樣一來，便是由五識取現境。取現境時本來客觀，不能說為污染，佛於後得智時，亦必如是而取現境，所以說是唯心所自見。然而，凡夫的意識實受第七末那識的支配，末那識既執着自我，五識的現境便成為我所，當第六意識去認識這些我所時，又由於習氣，便依着名言句義去認識，如是便成為妄意，這便是依遍計而見外境、成立世間。

遍計之所見，喻為「如翳見毛輪」，空中毛輪相，只是翳眼所見的妄相，所以說「隨見而迷惑」。毛輪只是似相，執着毛輪為真實的心，頌文說為「似色心」，是生起似色的心。於似色心中，似色非色而計為色，那便是迷惑與虛妄。

【經】 **譬如摩尼珠　[97]日月光所照**
隨其所應現　各雨自類物

97 呂勘：藏譯次有句云：「有其清淨相」，與下文合。

阿賴耶亦爾　如來清淨藏[98]
和合於習氣　變現周世間
與無漏相應　雨諸功德法

譬如乳變異　成酪至酪漿
藏識亦如是　變似於眾色
如翳見毛輪　有情亦復爾
以惡習氣翳　**[99]住藏識眼中**
[100]**於諸非色處　此所見諸色**
猶如於陽焰　遠離於有無
皆賴耶所現　仁者依眼色
而生似色識　如幻住眼中
飄動猶熱焰　色皆是藏識
與色習相應　變似體非有
愚夫妄分別

【疏】 既知阿賴耶識變現外境，再說其變現有染有淨，染淨「隨其所應現」而現，喻為摩尼寶珠與日月光所照。

先說變現為淨，則為如來藏。此處應參考藏譯所言（參註98）。成轉依後，隨其所現，種種皆為清淨相。於與習氣和合時，周遍變現世間，亦與無漏相應。至於變現為染，則如乳變異而成酪，再變異而成酪漿。又如翳眼見毛輪，這都是受惡習氣的影

98 呂勘：藏譯次數句云：「無漏善相應，則因以轉依，如是隨所現，相成種種色，習氣相應故，賴耶遍住世。」

99 呂勘：藏譯此句云：「藏識為有境，常起於眼中。」

100 呂勘：藏譯此句云：「由色似現轉」，舊譯大同。

響，以至見似色以為色。

似色是無自性的外境，執以為色，便是為外境建立種種自性。所以頌文接着說，此如陽燄水，不能說之為有，亦不能說之為無。見陽燄為水，或見陽燄非水，二者其實都是阿賴耶識所現。我們執着外境便如執着陽燄水為有，執似水為水，即是執似色以為色。

既知凡夫執世間一切法的似色以為色，便知道眼之所見的眼色，生起者唯是「似色識」，由其變現者悉非真實，只是「愚夫妄分別」。

【經】 **諸昏醉放逸　坐臥及狂走**
頓起諸事業　皆是賴耶識
猶如盛赫日　舒光照於地
蒸氣如水流　渴獸望之走
賴耶亦復爾　體性實非色
而似於色現　惡覺妄生者

如磁石吸鐵　迅速而轉移
雖無於情識　似情識而動
如是賴耶識　為生死所攝
往來於諸趣　非我而似我

如海中漂物　無思隨水流
賴耶無分別　依身而運動

【疏】 正由於執似色以為色，於是凡夫便成立「法我」與

「人我」，即成法執與我執。

頌文先總說法我如何成立。凡夫作種種事業，如昏醉、放逸、坐臥、狂走等，此等事業皆攝入阿賴耶識中。此如日照大地，令水氣蒸起，渴獸便追逐這些水氣，所追逐的，其實似水而非水。阿賴耶識有如渴獸，將非色執着為色，這執着便稱為「惡覺」，由這「惡覺」即便成立法我。

至於成立人我，則喻為磁石吸鐵。鐵本無「情識」（知覺），但鐵卻似有情識而動，如是阿賴耶識本無個體，卻似有個體而生死流轉。這樣，便「非我而似我」而成立人我。

於成立人我後，便如水中漂物，那些事物並無思想，從沒想到要隨水而流，但卻不由自主。此即如阿賴耶識，不由自主即隨身而動，隨着「人我」而輪迴。

【經】 **譬如二象鬪　被傷者永退**
賴耶亦如是　斷染無流轉

譬如淨蓮華　離泥而皎潔
人天皆受用　莫不咸珍敬
如是賴耶識　出於習氣泥
轉依得清淨　佛菩薩所重

譬如殊勝寶　野人所輕賤
若用飾冕旒　則為王頂戴

如是賴耶識　　是清淨佛性
凡位恒雜染　　佛果常寶持

【疏】 既知阿賴耶識變現有染有淨，便須知道如何捨染而還淨。

首先須作決定，有染則無淨，有淨則無染，喻如二象相鬥，傷者永退，所以若能令阿賴耶識變現為淨，則雜染永不再起。

如何令阿賴耶識變現為淨，頌文說為「出於習氣泥，轉依得清淨」，是即轉捨習氣而得清淨。此處未詳說如何轉依，於下文再說。

由是究竟決定阿賴耶識即是清淨佛性，凡夫雖有雜染，但此佛性依然「寶持」，並未受染。

至此，細說阿賴耶識生起一切外境畢。

【經】 **如美玉在水　　苔衣所纏覆**
賴耶處生死　　習氣縈不現
於此賴耶識　　有二取相生
如蛇有二頭　　隨樂而同住

賴耶亦如是　　與諸色相俱
一切諸世間　　取之以為色
惡覺者迷惑　　計為我我所
若有若非有　　自在作世間
賴耶雖變現　　體性恒甚深
於諸無知人　　悉不能覺了

【疏】 接着說如何捨離習氣，於是阿賴耶識即得清淨。

阿賴耶識猶如美玉在水，被青苔所覆。阿賴耶識既受覆染，習氣便永不能清淨。因為習氣從不能顯現出來，只是在暗地裏發揮其功能，阿賴耶識受習氣影響，便如蛇有二頭，顯現為「**二取相**」（能取所取），由此二取，「**惡覺者**」便將此計為我與我所（我為能取，我所為所取），如是成立世間。因此便可以說這世間由阿賴耶識變現，不過是受習氣影響而變現。無知的人對此不能認識。

【經】 **譬如於幻師　幻作種種獸**
或行而或走　似有情非實
賴耶亦如是　幻作於世間
一切諸有情　體性無真實
凡愚不能了　妄生於取著
起微塵勝性　有無異分別
及與於梵天　丈夫等諸見

【疏】 阿賴耶識受習氣影響而變現，即如「**幻作**」。凡所幻作皆「**體性無真實**」，只是無知者計為真實，由是生起計着（所以要捨離習氣，必須捨離計着），這便是捨離世間的名言句義。此如計着微塵、勝性、有、無、梵天、丈夫等名言句義而起分別。

【經】 分別皆是意　分別於世間
此之分別見　本來無有實
譬如畫中質　亦如虹霓像
及以雲中物　翳眼見毛輪
女人窺鏡容　如夢觀眾色
如帝弓谷響　樹影與乾城
熱時陽焰水　池中明月像
如是諸計度　於賴耶妄取
觀察是等時　諦了唯藏識
[101]即達世間相　所依一切法
是諸分別見　即皆而轉滅

【疏】 一切計着分別皆緣於意。頌文用「畫中質」、「虹霓像」、「雲中物」、「翳眼見毛輪」、「女人窺鏡容」等等來比喻種種計度，此即是妄取阿賴耶識的變現。若能了知此唯是阿賴耶識變現（世間唯是自心顯現），於此更不加以名言句義來取着，此即通達世間相，則一切分別計度斷滅（心滅）。

【經】 賴耶是意等　諸法習氣依
常為於分別　心之所擾濁
若離於分別　即成無漏道
常恒而不變　猶若於虛空
若於阿賴耶　獲得三摩地
則生無漏法

101 呂勘：藏譯此句云：「見世為自心，爾時心則滅。」舊譯意同。

【疏】「賴耶」一頌，須連句而讀，意為：阿賴耶識為意等習氣所依，由於習氣，阿賴耶識便常為分別心所擾。所以，若能離分別，即是更不受習氣影響，如是即成無漏道。此時阿賴耶識即成如來藏，常恆不變，猶如虛空。

入無分別須修三摩地，行者於密嚴定中，即能令阿賴耶識清淨生無漏法。

成無漏時有四種德：行自在德、願自在德、生自在德、轉自在德。下頌即說此四種。

【經】**如意定解脱　及以四無畏**
十力並善巧　自在與神通
如是諸功德

起十究竟願　意成微妙身
永轉於所依

【疏】行自在德，即說修行禪定得六種功德：得解脫、得四無畏、得十力、得善巧、得自在、得神通，是為如意。

願自在德，即「起十究竟願」。據《菩薩地持經》，此十願為：1、常願以清淨心供養諸佛；2、願受持諸佛之教行，證法而無失；3、願勸請諸佛轉法輪；4、願以菩薩所修諸行教化眾生，令其如法而行，心得增上；5、願知一切所化眾生根器之差別，隨機教化，令入三乘道；6、願知眾生所居一切世界之淨穢差別；7、願求諸佛淨土，攝受眾生；8、願與一切菩薩同智慧心及功德行；9、願身口意業能成利他；10、願成無上菩提，以菩提道利益眾生。

生自在德，即是成意生身。

轉自在德，即是能成轉依。

頌文至此，細說阿賴耶識的淨染境界畢。下來頌文則說阿賴耶識成無漏後的境界。

【經】 **識界常安住　體同虛空性**
不壞亦不盡
如來悉明見　世間無增減
無情復不生　涅槃者非滅
此剎及餘剎　同於一法性
諸佛出於世　或不出於世
法性本常住　不常亦不斷

【疏】 識界本來清淨，具如來藏功德，是故常恆，體性同於虛空，亦即同於如來法身，所以不壞不盡。

如來明見世間不增不減、不生不滅，所以涅槃非滅，亦不是由捨離有情而生起涅槃（頌文「無情復不生」，譯意含混）。因為如來法身周遍，所以一切剎土同一法性，此法性常住，不常不斷，有佛無佛皆然。

【經】 又若解脱者　而有情界滅
即壞於如來　一切之智性
三世諸佛境　不得於平等
又若般涅槃　有情界滅者
是誰離於苦　得有餘無餘
降魔伏邪見　皆應是妄説

是故應當知　諸勝觀行者
若證於解脱　其身則常住
永離於取蘊　滅除諸習氣
譬如以熱鐵　投之於冷水
熱勢雖已除　其鐵體無壞

【疏】 倘若認為須有情界滅，然後才得解脫，那便是壞如來內自證智，亦即壞如來法身。這一點相當重要，因為這便是否定了「滅盡」為究竟，同時令行菩薩道的學人知道非由有所滅而得解脫，出離世間並不是滅有情界，只是出離世間的名言與句義，這樣便能令習氣不起。是即凡有所滅，即壞諸佛內自證智的平等性。

這樣便得究竟決定：如果涅槃是有情界滅，則當更不能令有情離苦，因為已經沒有了有情，這樣便失去了諸佛內自證智的平等性。由是，說有餘依涅槃、無餘依涅槃，以及降魔、伏邪等見，便成妄說，因為這些見地都是依有情而說，若無有情，所說便成虛話。既非虛話，自然不能求滅有情與世間。

行者現證解脫，不離於身，只是永離五取蘊，是即習氣不起。這比喻為熱鐵投水，其熱永除而鐵不壞。這便是阿賴耶識成無漏的境界。

【經】 **諸仁應當知　阿賴耶如海**
常為於戲論　粗重風所擊
五法三自性　諸識浪相續
所有於境界　其相如飄動
於無義處中　似義實無體
若悟則皆空　轉依恒無盡
住密嚴如月　影現於十方

【疏】 阿賴耶識如海，戲論如風，風擊海水而成浪，是即有五法、三自性、八識等種種相續，於無義處中似義而顯現，是即實無本體。若知其自性為本性自性空，是即成無盡轉依而成無漏，住密嚴土，周遍一切界，比喻為月，周遍十方。

頌文至此說無漏境界畢。下頌轉入另一話題。

【經】 **應知賴耶識　行於蘊稠林**
末那為先導　意識能決了
色等一切境　及以五識身
與根境和合　了於現境界
自境之所取　皆是阿賴耶
藏識與壽煖　及觸和合性
末那依此識　識復住於意

所餘五種識　亦住於自根
心意及諸識　而安住於蘊
為業習繫縛　流轉無有窮

【疏】由本頌起，是依教法細說阿賴耶識的最後一個話題，說阿賴耶識流轉的義理。

阿賴耶識行於諸蘊稠林之中，由第七末那識為先導，由第六意識了別種種外境，由其餘眼等五識各各相應依眼等五根了別境界，因此可以決定，所取之境皆是阿賴耶識境。

阿賴耶識與壽命、煖、觸和合而住，這即是與生命力、生機、識的動態和合同住。這和合，有時又別稱之為阿陀那（ādāna），第七末那識即住於阿陀那中，因此佛才說，對阿陀那不想開演，因為怕凡夫即執此阿陀那為我，那便是因為末那識與阿陀那同住之故。

眼等六識又與阿陀那相俱，除意識外，所餘五識則住自根，如眼住眼根等。

如上所言，便是由八識之所住，來說明識之所行行於諸蘊，因為心、意及識本即住於諸蘊。由於住於諸蘊，而諸蘊所作的業，因習氣所縛，便牽引阿賴耶識流轉不息。

【經】**如是所有業　皆由於貪愛**
既以業受身　復以身造業

捨於此身已　更受於餘身
前後以依因　徐行如水蛭
心及諸心所　相續生諸趣
更展轉積集　住諸蘊稠林
壽煖及與識　若捨離於身
身則無覺知　猶如於木石

【疏】一切業都因愛而起，以業受身，身復造業。人於死後，身便無有，由輪迴而得「餘身」（後身），此身不得自主，只能依業因而成，所以說輪迴的狀態是「徐行如水蛭」。輪迴便是，心及心所相續而生諸趣，這後身便再度積集蘊如稠林。

所以，壽、煖、識若離於身，其身即壞，無生命力、無生機、無識的動態，由是即如木石。

【經】藏識是為心　執我名為意
能取諸境界　以是說為識
采集業為心　意為遍采集
意識能遍了　五識現分別
[102]心能持於身　末那著諸趣
意識能遍了　五識緣自境

藏識以為因　從是生餘識
意意識所緣　無間而流轉
五識復更待　增上緣而生

102 呂勘：藏譯以下第四卷。

同時自根事　是為增上故
是身如起屍　亦如熱時焰
隨行因緣轉　非妄亦非實
為愛之所牽　性空無有我

【疏】 頌文說心識流轉的狀態。

阿賴耶識名為心，末那識執我名意，能取諸境界說名為識。這三者的功能是由心採集諸業，由意遍作採集，由意識遍了別諸業，由餘五識顯現分別。所以流轉六趣，是由阿賴耶識執持身意而落諸趣。

以阿賴耶識為因生起諸識，意及意識又從無間緣而起（相續是故無間），此時五識即成增上緣，各以自根為增上。因此，身如起屍亦如陽燄，隨於蘊行而因緣流轉。這流轉既非虛妄亦非真實，歸根結底，只是為愛所牽而成流轉，於流轉中性空無我，因為身與意都是本性自性空。

【經】 **意等諸轉識　與心而共生**
五識復更依　意識而因起
如是一切時　大地而俱轉
賴耶為於愛　所熏而增長
既自增長已　復增於餘識
展轉不斷絕　猶如於井輪
[103]**以有諸識故　眾趣而生起**

103 呂勘：藏譯此頌云：「從諸識生起，賴耶種種色，即為諸識依，具相互因力。」蓋說賴耶與諸識互為因也。

於是諸趣中　識復得增長
識與世間法　更互以為因
譬如河水流　前後而不斷
亦如芽與種　相續而轉生
各各相差別　分明而顯現

識行亦如是　既三和合已
而復更和合　差別相而生
如是而流轉　常無有斷絕
內外一切法　皆因此而起
愚不了唯心　汝等勤觀察

【疏】 意等諸識與阿賴耶識俱生，眼等五識復與第六意識俱生，如是恆時一切外境同時顯現。對於外境顯現，阿賴耶識因取外境故，於是為愛所熏而增長，自增長已，復增長餘識，如是如井輪轉動不絕。

依藏譯（參註103），更說阿賴耶識與諸識及外境，相互為因的關係，說言：由諸識生起阿賴耶識中種種外境（種子起現行），外境復成為諸識所依。

依此關係，阿賴耶識增長諸識，諸識又再增長阿賴耶識，外境即在此相互增長中相續，所以心識的輪轉，外境只是客觀的呈現。然而由於第六意識與第七末那識相俱，所以在心識輪轉的過程中，便成為人我與法我的相續。這樣，若唯依「唯識無境」或依「一切唯心造」，都不能解決人我或法我的執着，必須依「唯心所自見」，然後才能將心識輪轉成為客觀的認識。這時既無人我的執着，亦即不依自我來取外境，那麼，便當然沒有法我成立，一切法便只是「唯心所自見」的客觀形象。

頌文由是便說這客觀的認識。

以諸識故眾趣（外境）得成顯現，於諸趣中識復增長，如是識與世間相互為因，譬如河中流水不斷，或譬如芽與種子相續而生，如是「各各相差別，分明而顯現」。

識行亦如是，由三和合而成識行，此識行之識又再與根、境更相和合，於是差別相生起，無有斷絕，世間依名言與句義而執着的內外諸法，即因此相續而生起。

對於自己的心識種種運作，凡夫不能了知唯是自心所作，諸佛子即應勤加觀察。

頌文至此，說阿賴耶識畢。頌文三大段之第一段，先說相、名、分別而說入無分別定，然後通說五法、三自性、八識、二無我，最後始依教法見地細說阿賴耶識，至此完畢。亦即說阿賴耶為密嚴佛土，依基而說畢，以下頌文即轉入說道，即說觀修密嚴定。

【經】 **時眾色王等　復向金剛藏**
而作如是言　[104]金剛藏無畏
善入於密嚴　能演一切法
佛及諸佛子　正定而思惟

104 呂勘：舊譯以下仍作頌文。

無比甚奇特　顯明於法相
金剛藏無畏　垂見為宣說

尊處摩尼宮　居師子勝座
最勝子圍繞　[105]住於密嚴定
願為諸佛子　說瑜伽勝法

【疏】　由本頌起，大段頌文為敍事，至「彼等皆思維，得法樂而請」止。

先說眾色王等向金剛藏請法，稱之為「金剛藏無畏」，即稱讚其說法勇猛無畏，亦即頌文之所說「善入於密嚴，能演一切法」。其所以故，則是由於能持定而說法。由是眾色王等即請金剛藏說密嚴定瑜伽勝法。

【經】　**此是月幢佛　為眾所開演**
彼眾當來此　願說而無倦

[106]此月幢如來　亦現多神變
於欲界宮殿　及於色界中
與佛子圍繞　諸天皆侍衛
[107]所說勝理趣　密嚴無畏法
彼諸瑜伽者　聞說如是已
得自覺聖智　內證之境界
怖於尼夜摩　及正位之樂

105 呂勘：舊譯次三句云：「願為諸瑜祇，說密嚴定法。」

106 呂勘：舊譯自下錯作長行。

107 呂勘：藏譯舊譯次三句意云：「說密嚴中諸無畏者所修觀行實相之法。」

不住於實際　定中互觀察
而皆各念言　誰已證實相
觀行之上首　願得見斯人

此眾咸一心　復更重思惟
何者是於定　云何為非定
復於何所定　又復以何法
為定所待緣

【疏】 此處頌文，說月幢如來。謂所請瑜伽勝法，為月幢如來為諸菩薩開演之法。月幢如來現神變，於欲界及色界一切宮殿中，一一現月幢如來；一切宮殿中，一一有諸天侍衛及菩薩圍繞；一一月幢如來「說密嚴中諸無畏者所修觀行實相之法」（參註107）。

聞法諸菩薩，聞其所說，皆能得自覺聖智內自證境界。然而卻不敢決定（尼夜摩），對正位的法樂亦不敢承當，由是不能住於實際，亦即不能住於實相，因此在定中互相觀察，誰能已得實相，而為觀行之上首，願見其人。

諸菩薩眾思維：如何為定，如何為非定，何所定而為定，何者為定所待之緣。四者所說的定，皆指密嚴定而言。

【經】 **彼諸佛子等　復於其所定**[108]
以三摩地力　見密嚴土中

108 呂勘：舊譯定緣所下文為：「作是念已以三昧力見密嚴土中」云云，是則除四問外之文，是序事，非問義也，若循原文，似涉問意，易啓回惑。

清淨最勝子　　菩薩眾之王
首戴於寶冠　　具三十二相
及以隨形好　　而作於嚴飾
彼諸佛子等　　悉皆從定起
挂微妙寶瓔　　從無量佛土
而來於此會　　同共以一心
瞻仰金剛藏　　大智瑜伽尊
彼等皆思惟　　得法樂而請

【疏】　彼等欲界、色界諸宮殿中諸菩薩，於其定中，由三摩地力，見密嚴剎土有「清淨最勝子，菩薩眾之王」，此即指見金剛藏菩薩，首戴寶冠，具三十二相，八十隨形好。於是諸菩薩悉從定起，披挂莊嚴，由無量佛土而來此會，彼等皆希求法樂而來請法。

至此敘事畢。

【經】　[109]**金剛藏見已　　周顧於四方**
發於和雅音　　微笑而告曰
汝等諸佛子　　一心咸諦聽

瑜祇定境界　　甚深不思議
非分別所知　　定及緣亦爾
遠離欲不善　　及以諸散動
有尋伺喜樂　　寂靜入初禪
如是漸次第　　四八至於十

109 呂勘：舊譯此下仍為頌文。

【疏】 說如何為定。

密嚴定境界甚深不可思議，定與定緣亦同，是故不能由分別而言說，既無可說，行者便只能由實踐而自行認知。如何實踐？唯由初禪入。遠離欲、不善、散動，即由有尋而得觀，有伺而得覺，復由觀而得喜，由覺而得樂，於法樂中得寂靜，是即能遠離諸戲論而入初禪。

既入初禪，即依次第漸次而修。說「四八至於十」，四為色界天之初至四禪，八為依四禪定而進修之八勝處，十為依八勝處而進修之十遍處定（詳後）。

答如何為定畢。

【經】 **著我諸外道　常修習此定**
聲聞辟支佛　亦復皆如是
各知於世間　諸法之自相
蘊處如空聚　一切皆無我
無思無動作　但三和合生
如機關起屍　本無能作者
外道修是定　起於空性見
此人迷法相　壞於一切法

【疏】 說如何為非定。

外道及二乘所修之定，都計着諸法自相，然而二乘則落於有邊，外道則落於空無邊。

二乘人雖知蘊與處（世間現象）如空聚，一切無我，然而因執諸法自相，所以其實未空蘊處法，只是認為此中無我，無諸法之「我」，由是說之為空聚。然而既執自相而修定，便自然於觀修時持種種相而修，於心外求相，由是落於有邊，所修即非密嚴定。

至於外道，不知三和合緣生相，一切法緣生，心識亦是三和合生，自相非由能作而生，故喻為「機關」與「起屍」，依緣起動，無能作者。外道建立能作者，所以亦以為一切法無有自性，因為只是所作。於修定時，執法自相而撥其自性為空無，且依空無而求神我得解脫，由是即落空無邊，且壞世間，故所修亦成非定。

【經】 **若修佛妙定　善知蘊無我**
即發勝福聚　滅除諸惡見
一切皆唯心　無能相所相
無界亦無蘊　一切皆無相
分析至微塵　此皆無所住

【疏】 若依佛密嚴定，則因「善知蘊無我」而能「滅除諸惡見」。由是知一切唯阿賴耶識所顯現，無能相所相，亦無界與蘊相。一切諸法分析至極微，都無相可得，這便是諸法實相，是即能由無相而入密嚴。

若問：何以前說二乘知蘊處如空聚，所修卻為非定，今則說由蘊無我而得定？答言：此二者不同。二乘既執自相，所以見蘊處空便只見其無我，自性無有，非見蘊處相為無，這便是依然執世間現象為真實。菩薩則知一切皆無相，故離二取，更不着相，是即蘊處本無，只是似有。

【經】 **愚夫妄分別　彼地水等性**
不知其性者　取於如是相
妙色及惡色　似色餘亦然
如空中虹霓　雲霞等眾彩
思惟如骨鎖　遍滿於世間
及遍處想觀　觀於諸大等
身有色無色　定者常諦思
若於緣一心　即緣說清淨
如其所分別　即彼成所緣
非定非定者　妄計以為定

【疏】 本段頌文，破執相為有。執相為有則為非定。

修十遍處定，是依次第觀地、水、火、風、青、黃、赤、白等八處，加上空處、無所有處，作意觀各各相周遍一切處。當作意時，須依見地而修。

若行者妄取分別，不知但以阿賴耶識為體性而執着於各各自相，於是分別而成妙色、惡色、似色、餘色，便如空中虹霓雲霞分別而成種種色彩，這樣的遍觀便只是分別。這樣的觀修，一如遍觀世間有情唯是白骨，如是觀修四大等於身中有色或無色（成物質或不成物質），行者以為自己已能緣於一心，所以清淨，然而這卻不是定，因為由分別而作意遍觀，即是非定，行者亦成非定者，只是妄心計之以為定。

【經】 **定者在定中　了世皆藏識**
法及諸法相　一切皆除遣
獲於勝定者[110]　**善說於諸定**
破諸修定人　妄智所知法
若人生劣慧　取法及於我
自謂誠諦言　善巧說諸法
計著諸法相　自壞亦壞他
無能相所相　妄生差別見

【疏】 若依正見，則人在定中唯依阿賴耶識以見世間，這樣，一切諸法及法相便都除遣。這說法即是如來藏所說的本性自性空，唯依法身以見世間。

若行者持此正見而修，即獲勝定而能善說諸定，破持妄智所知而修的定。這即如劣慧人之計着法與我為有為無。

然則何謂妄智？此如外道數論師執六句義及二十五諦諸法相，由執而諦實我與我所，因為諸法相既為所取，自己即為能取，可是卻自以為是真實無欺的建立（「誠諦」）。

二乘亦然。彼等只知蘊處上一切法無我與我所，如是即以為空，卻不知一切諸法本來不生不滅，由本

110 呂勘：勘藏譯作等持，次二句同，與前文以定譯瑜伽者異。

性自性空而無生，所以於依空執相時便成妄智。他們於善巧說法時，實自壞壞他。

無能相所相是依正見的究竟決定，因為二者都落於分別戲論。執取自相，即是於能相所相上妄生差別。

【經】 **甜味能除熱　苦酸鹹止痰**
辛味除於冷　鹹能去風疾
黃痰變異故　共生於疫病
或時但因風　或因三和合
疾既有差別　古仙設眾方
石蜜等六分　[111]沙糖及諸味
能除有情身　種種諸瘧病
若法有自性　及以諸相者
藥無除病能　病者不應差
云何世咸見　服藥病消除

【疏】 本段頌文，破執自性為有。執自性為有即為非定。

全段頌文用治病為喻。藥能治病，說明疾病本無自性，若有自性則成恆常，一如如來法身之恆常。

用這譬喻，說明依緣而成立的世間有能所，如以藥治病即是以藥為能破，以病為所破。是故一落能所，必即落於識境，無論立何宗見都不成解脫，因為不可能有離名言句義的宗見。對於佛的言說亦必

111 呂勘：藏譯此語作肉，音譯為曼沙，今譯倒訛為沙糖。

須依離言的密意來知見，尤其是對空與空性的認知。此處破自性執，密意其實亦是破能所，由下來頌文即可知。

【經】 **定者了世間　但是賴耶識**
變異而相續　譬如眾幻獸
無能相所相　無蘊及蘊者
亦無支分德　及以有支分

世間無能作　亦無有所作
無塵積世間　無方處往者
無初最微細　漸次如一指
乃至三指量　實物轉和合
求那各差別　如是義皆無
非勝性作世　亦非時能生
亦非愛樂性　及三法所作
亦非無有因　自然而得有

【疏】 若依正見，定中唯見阿賴耶識變異相續，如是而成世間。是故世間離成立句義的能相，亦離依句義而成立的所相。如是即無蘊集可成，更無依蘊集而成的有情，同時當然即無蘊集的支分及支分的功能，如色蘊及其功能。

頌文接着破六種外道見，彼等不知依正見成立世間，故所修即為非定。

非有能作世間的神與力用，亦無由所作而成的世間。此破能作外道。

世間非由塵積而成，非如外道所說，劫壞時世間散為微塵，成劫時塵積成物，漸次大如一指、三指，如是依求即而成和合，成種種實物。此破求那外道。

非由勝性六句義：實（實體）、德（屬性）、業（活力）、同（普遍）、異（特殊）、和合（相屬）成立世間。此破勝論外道。

世間非因塵積狀態依時成立（非依求那）。此破計時外道。

非由個人及群體的愛樂，成業、德、力三法生起世間。此破計我外道。

世間非無因生，自然而有。此破自然外道。

【經】 **斯由業習氣　擾濁於內心**
[112]依心及眼根　種種妄分別
意及於意識　有情阿賴耶
普現於世間　如幻師造物
若能入唯識　是則證轉依

若說於空性　則知相唯識
瓶等本無境　體相皆心作
非瓶似瓶現　是故說為空
世間所有色　諸天等宮殿
變異而可見　皆是阿賴耶

112 呂勘：勘藏譯此語云：「依於心根分，謂肉團心也。」今沿舊譯誤。

有情身所有　從頭至手足
頓生或漸次　無非阿賴耶
習氣濁於心　凡愚不能了

【疏】　依正見說世間生起。

由於習氣擾心，心即起妄分別，生起第七末耶識及第六意識，由此成立我與我所，於是有情之阿賴耶識變似世間顯現，此如幻師幻物。是故依唯識即可證成轉依。

然則如何解釋空性？一切相皆唯識變現。如瓶，本無瓶這現象，瓶體及瓶相都由心造，由是非瓶而似瓶顯現。這樣，便說瓶為空性。諸天宮殿以至有情都依此說空。如是空性顯現。

讀者須知，這樣來說空性亦只是方便，未是究竟，因為唯依法相瑜伽行而說，便未能究竟說本性自性空，是故下頌隨即破由唯識而成立的空。

【經】　**此性非是有　亦復非是空**
如人以諸物　擊破於瓶等
物體若是空　即無能所破
我如妙高山　此見未為礙
憍慢而著空　此惡過於彼

自處為相應　不應非處說
若演於非處　甘露即為毒
一切諸有情　生於種種見

欲令斷諸見　是故說空理
聞空執為實　不能斷諸見
此見不可除　如病醫所捨

【疏】空性非有，物亦非空。如以物擊瓶，若瓶體空即無所破。因此執空便是非處，比執我如妙高山（須彌山）更為惡見。倘如持憍慢而演說空，即是演於非處，佛法甘露亦被演為毒藥。

佛說空，只是為了斷除諸有情的種種見，倘如執空為實，不但不能斷除諸見，反而是落入不可斷除的見地，如患上為醫者所捨的病。

或問：說本性自性空是否亦是非處？答言：不是。一切法依法身隨相礙緣起而任運圓成，那是實相，因此說一切法的自性即是法身本性，那便是實際。依實相、實際說空當然不是非處，此如說鏡影為鏡性，便絕非執持依名言句義的計着。

【經】**譬如火燒木　木盡火不留**
見木若已燒　空火亦應滅

諸見得滅時　生於智慧火
普燒煩惱薪　一切皆清淨
牟尼由此智　密嚴而解脫

【疏】本段頌文破空執。執空而修定即為非定。

以火燒木為喻，木盡則便無火。諸見如木，空性如火，由空性斷除諸見即如木燒火，當如木諸見盡除時，如火的空便亦應滅，是故無空可以執持。

或問：如果連空都不能執持，那麼依甚麼來成佛？

答言：佛不是依空火來成佛，而是依智慧火。智慧火生起時，諸見即便滅除[113]，由是一切煩惱薪盡而得清淨。佛即依此智而住密嚴得解脫。

由此可見並非依現證空性而成佛，而是依現證自然智而成佛，此自然智可說為密嚴智、如來藏智、根本智。

【經】 **不見以兔角　觸壞於大山**
曾無石女兒　執箭射於物
未聞欲鬪戰　而求兔角弓
何有石女兒　能造於宮室

一切法空性　與法常同體
始於胎臟時　色生便壞滅
離空無有色　離色無有空
如月與光明　始終恆不異
諸法亦如是　空性與之一
展轉無差別　所為皆得成

【疏】 佛家說空，不是空無，若空無所有，則諸法不能起功能。頌文即引四喻來說明：不能以空無的兔角觸壞大山；不能以空無的石女兒執箭射物；不能以空

113 此處「諸見得滅時，生於智慧火」，句義不明。舊譯作「生於智慧火，諸見得滅時」，合。

無的兔角弓來戰鬥；不能以空無的石女兒來造宮室。

不是空無，因為一切事物（法）空性與事物同體，既然與事物同體，那便不能說為空無。人在入胎的時候，有色（物質）生起，然而亦有壞滅，這應該便是今人所說的「新陳代謝」。所以空與色恆時雙運，「離空無有色，離色無有空」，如月與月光，恆時雙運。一切法悉皆如是，事物與空性同一，然後始得成立。依如來藏的見地，這便是現空雙運、明空雙運。因為事物依如來法身，具法身的現分與明分始成顯現。

【經】 **是身如死屍　本來無自性**
貪愛繩繫縛　境界所牽動
說微妙空理　為淨於諸見
其有智慧人　應當一心學

譬如工幻師　以諸呪術力
草木等眾緣　隨意之所作
依於根及愛　色明與作意
發生於明識　無實如幻焰
是識無來處　亦不去餘方
諸識性皆爾　有無不變著

【疏】 一切法本無自性，喻如死屍，死屍能起，由於咒術。無自性的事物，能轉動而成境界，即受念愛繩所繫縛而致。為此佛才說微妙空理，淨除諸見。

此如幻師憑咒術力，以草木為緣隨意變幻，色境中一切造作，如同幻師造作，實「**依於根及愛，色明與作意，發生於明識**」。此說成立一切諸法顯現的緣，是五根、愛（貪愛）、色（物質）、明（了別）、作意，依此諸緣即成顯現於明識（了別識）。[114]

所以一切諸法的顯現，說為「**無實如幻燄**」。至於了別識則無來無去，不變着為有，亦不變着為無。這即是說，人的心識本來是客觀的呈現。

【經】 **如毛輪兔角　及以石女兒**
本來無有體　妄立於名字
師子虎熊羆　馬驢駝駝類
黿黿與瑇瑁　彼等皆無角
何故不分別　唯言兔角無
最勝談論人　云何不成立

【疏】 本段頌文是質疑。難言：如毛輪、兔角、石女兒等，本來無有，只是妄立名字。然而實有的獅子、老虎、熊、羆、馬、驢、駝駝、黿、龜、瑇瑁等，亦皆無角，為甚麼只說兔無角。善於談論的人，為甚麼不成立獅子無角、老虎無角等等。

這個質問，是質問佛家的無分別。問者認為分別沒有錯，反而只說兔無角而不說獅無角，這樣的無分別是錯。

114 識的作用是了別，若落於名言與句義而了別即成分別。了別不可以離，分別即須斷除。

【經】 為慧者顯示　但彼妄分別
外道眾迷惑　如瘖及聾瞽
彼無超度智　亦無內證法
但隨他語轉　何用分別為
若妄起分別　不生於密嚴
定者獲等至　及能生此國

【疏】 本段頌文是答語。

答言[115]：先古智人只說兔無角，舉兔為喻，說明去除角的概念，已經足夠。而惑者則妄加分別，說獅無角、虎無角等，這正是智人要遣除的概念分別。此等惑者如盲聾瘖啞，無現證智，無內證法，只能隨人而說，實際何須更作分別。

妄起分別則不能生於密嚴，入密嚴定的行人，則由離名言句義而得等至，生密嚴國。

頌文至此，答如何是非定畢。

【經】 譬如天宮殿　明月及眾星
環繞妙高山　皆由風力轉
七識亦如是　依於阿賴耶
習氣之所持　處處恆流轉

譬如依大地　能生卉木類
一切諸有情　乃至眾珍寶

115 舊譯此六句作：「古先諸智人，但說兔無角，惑者妄分別，如瘖及聾瞽，斯人無現智，不能自證法。」譯得比較好。此處依舊譯疏。

如是賴耶識　眾識之所依[116]

譬如孔雀鳥　毛羽多光色
雄雌相愛樂　鼓舞共歡遊
如是阿賴耶　[117]種子及諸法
展轉相依住　定者能觀見

譬如百川注　日夜歸大海
眾流無斷絕　海亦不分別
如是賴耶識　甚深無涯底
諸識之習氣　日夜常歸往

如地有眾寶　種種色相殊
諸有情受用　隨福而招感
如是賴耶識　與諸分別俱
增長於生死　轉依成正覺

【疏】　由本段頌文起，答第三問：何所定而為定。

此如天宮殿、明月、眾星依風力環繞須彌山而轉，七識則由於習氣依阿賴耶識而轉。

又如依大地能生草木，一切有情以至珍寶、心及心所，亦皆依於阿賴耶識生起。

又如孔雀光彩，雌雄愛樂，相依而住，一切法亦依阿賴耶識的種子而住。

又如百川歸海，海不分別百川，諸識習氣亦歸於阿賴耶識。

116 呂勘：藏譯次有半頌云：「心心所相應，如波濤生起。」

117 呂勘：勘藏譯次二句云：「種子如海住，為一切法依。」今沿舊譯誤。

又如大地藏眾寶，有情隨福而得受用。阿賴耶識與諸分別同俱，即如珍寶為大地所藏，亦隨轉依而得正覺。

此處設種種喻說阿賴耶識，即說阿賴耶識為修定時之定所。

【經】 **善行清淨行　出過於十地**
入於佛地中　十力皆圓滿
正住於實際　常恆不壞滅
現種種變化　如地無分別

【疏】 由本段頌文起，說何者為定所待之緣。先說以清淨行為緣。

清淨行由八地菩薩過於十地而至佛地，乃得十力圓滿，正住實際，常恆不滅，現種種變化。所以入密嚴定必須以清淨行為緣，即以八地菩薩之所行為緣。

【經】 **如春眾華色　人鳥皆欣玩**
執持識亦然　定者多迷取
如是諸佛子　無慧離真實
於義不善知　妄言生決定
非法離間語　誑惑於有情
諸法別異住　而別起言說

【疏】 次說以教法為緣。

執持諸識而修定，則如人鳥欣玩春花而生迷取，菩薩迷於定中的心識境界，即離真實，如是妄言已生決定，若說法時，便是誑惑有情，用非法語來說法。此即由別異諸法而別起言說，失佛密意。此即不知須以教法為緣。

【經】 **譬如工幻師　善用於呪術**
示現種種華　華果實無有
如是佛菩薩　善巧智方便
世間別異住　別異而變現
說種種教門　誘誨無窮已
決定真實法　密嚴中顯現

【疏】 如幻師用咒術變現花果，佛亦說種種教門，無非只是善巧方便。所以必須知佛密意然後才能決定真實法，密嚴中所顯現的便是依密意的真實決定。

這即是說，依佛言說不得實際，所以才會有定中的心識迷亂境界，而迷亂者卻不知其為迷亂，那便如取幻師所變幻出來的花果為真實花果。必須知佛密意，不依言說，然後才能由定入密嚴。

【經】 **六界與十八　十二處丈夫**
意繩之所牽　有情以流轉
八識諸界處　共起而和合
從於意繩轉　前身復後身
此流轉丈夫　隨世因示現

是一切身者　續生無斷絕
六界與丈夫　及以十二處
十八界意行　說為自在者[118]

【疏】六道士夫、十八界士夫、十二處士夫被末那識如繩所牽，由是輪迴，其時八識諸界共相和合，從於末那識，隨世因流轉成前身後身，是即輪迴無有斷絕。若此等士夫不為意繩所牽而成「意行」，即得於自在。此即四種自在：壽自在、生自在、業自在、覺觀自在。

所謂意行，即身、語、意皆依教法而行，而非被末那識繩牽引而行，那便即是離我與我所而行。於離我與我所時，即入無分別而離戲論而得自在。

這段頌文，說人天世間士夫隨順教法未得入密嚴，即是依佛言說未得入密嚴，與上段頌文關合而說依言說之果。故知密嚴定唯能以諸佛密意為定緣。

頌文至此說密嚴定畢。然而尚有餘說，即答菩薩、諸天、天女之問。

【經】**爾時金剛藏　菩薩摩訶薩**
說於諸界處　丈夫之義已
他化清淨宮　摩尼寶藏殿
諸無畏佛子　悉皆稽首禮
他方佛菩薩　來居此會者

118 呂勘：舊譯下四頌錯作長行。

悉皆共同聲　而讚言善哉
復有諸菩薩　諸天及天女
皆從本座起　合掌一心敬
遞共相瞻顧　而作如是言
定中上首尊　善為諸菩薩
說妙丈夫義　遠離外道論

【疏】 金剛藏既說人天世間士夫或流轉或自在理，即受會眾供養。供養分三：居殿中之諸無畏菩薩稽首，是以身供養；由他方來諸菩薩讚言善哉，是以語供養；餘眾讚供畢尚有疑問，是以意供養。

下頌即說供養者的疑問。

【經】 **最勝子宣示　六界淨丈夫**
但是諸界合　隨因以流轉
譬如眾飛鳥　空中現其跡
又如離於木　而火得熾然
空中見鳥跡　離木而有火
我及諸世間　未曾覩是事
鳥飛以羽翰　空中無有跡
仁者說丈夫　與鳥跡相似
云何於諸有　得有輪迴義
而說界丈夫　常流轉生死
受諸苦樂果　所作業無失

【疏】 問題是，金剛藏既說人天世間士夫依意行而清淨，何以還須與界相應，隨因流轉，僅得自在？

問者對清淨士夫的流轉，喻為「**空中見鳥跡，離木而有火**」。為甚麼以此為喻呢？因為對不清淨的士夫來說，業果不虛，沉淪於諸有（世間萬象），那是當然的事。但清淨士夫還要流轉，受苦樂，業無失，便似乎不合理，如於空中見鳥跡、如離木而有火。

【經】
如農夫作業　功必不唐捐
此果成熟已　能生於後果
身者於身中　而修於善行
前生後生處　恒受人天樂
或常修福德　資糧為佛因
解脫及諸度　成於無上覺
生天自在果　觀行見真我

若離趣丈夫　一切悉無有
於業業果報　所作無虛棄
下從阿鼻獄　上至於諸天
謂有趣丈夫　流轉於生死
內外諸世間　種現芽生果
此法似於彼　彼從於此生
若離趣丈夫　得有輪迴者
如言石女子　威儀而進退
兔角有銛利　從沙而出油

【疏】接下來，以農夫作業必可得果，說身修善行亦應得善果，如得人天樂，或得成佛資糧，以此為因而得佛果。不然亦應得生天自在果，如生於色究竟天即不流轉，於天中觀修，證入如來藏而見周遍法界的「**真我**」（大我）。

如果已離六趣的士夫無任何善果可得，便是在業與業果無虛中流轉，下至三無間地獄，上至諸天，這顯然不合理。例如諸內外世間的因果現象，種子成芽而生果，因（「**此**」）似於果（「**彼**」），果從因生，那麼，已得離六趣的士夫還要輪迴，便有如石女兒可以行動、兔角有利刃、沙可以出油。

這樣的質疑，只基於士夫依教法行身語意業，是為善業而問，未知此善業唯依佛的言說，未依密意，是故尚未究竟。

【經】 **會中諸菩薩　諸天及天女**
説如是語已　供養應供者
即金剛藏尊　及諸菩薩眾
供養事畢已　同作如是言

法眼具無缺　因喻皆莊嚴
能摧諸異論　外道諸宗過
既降伏他已　顯示於自宗
是故大勇猛　宜為速開演
我等咸願聞　大慧者應説

【疏】 會眾問畢隨作供養，復請金剛藏解答所疑。這是認為自己的理解有誤，而不是金剛藏説錯。

【經】 爾時金剛藏　菩薩摩訶薩
聞諸天殷請　即時而告言
汝等諸天人　一心應諦聽
此法深難思　分別不能及
瑜伽清淨理　因喻所開敷
我現於密嚴　今為汝宣說
密嚴甚微妙　定者殊勝處

【疏】 金剛藏答問，先說密嚴法不能由分別來理解，再說密嚴定所依的抉擇與決定為離言的清淨理，只能用清淨的因、喻來立宗（宗因喻三支），那便是要離言而悟入。

【經】 爾時金剛藏　說如是語已
復告於大樹　緊那羅王言
大樹緊那王　汝應當觀察
云何諸法性　性空無所有
如是見相應　於定不迷惑
如飯一粒熟　餘粒即可知
諸法亦復然　知一即知彼
譬如攢酪者　嘗之以指端
如是諸法性　可以一觀察
法性非是有　亦復非是空
藏識之所變　藏以空為相

【疏】 金剛藏不正面回答大眾所問，卻問大樹緊那羅王：為何諸法自性空無所有？如果回答相應，則對密嚴定不生迷惑。接着提示，飯熟未熟，嚐一粒即可知；酪的味道，嚐一指尖量便足够，所以由一即可觀察一切諸法自性。

金剛藏更說明觀察的決定，諸法自性非空非有，阿賴耶識所變現者為空相。

這決定見即依如來藏而成決定。如來藏說如來法身上有識境隨緣自顯現，

法身唯一，所以諸法亦唯一。法身智境與識境雙運，所以諸法自性實為非空非有，依於智境本性是故非空（至於施設智境為空，故說諸法本性自性空，那是方便，是另一回事），隨緣自顯現是故非有。說阿賴耶識變現相為空相，即說識境相，由心識變現自然是空相。若依施設智境為空，識境相依於智境，所以亦是空相。

【經】 **大樹緊那王　即時而問曰**
云何心量中　而有界丈夫
云何生諸界　堅濕及煖動

【疏】 金剛藏說已，大樹緊那羅王便依所說如來藏義而問。

先問云何心量中有界、有丈夫（此處丈夫不宜說為士夫）。這即是問為甚麼如來藏心有諸界及佛。

次問堅濕煖動相生於諸界。這是依識境隨緣自顯現而問。

這兩問應機，等於已回答了金剛藏之問。

【經】 爾時金剛藏　菩薩摩訶薩
聞其所説已　而告如是言
善哉大樹王　能發甚深問
願令修定者　得詣於真實
我今為汝説　琴師應諦聽

汝昔自他化　與諸眷屬俱
鼓樂從空來　乘於寶宮殿
如是諸天侶　而同詣佛會
撫奏妙寶琴　其聲甚和雅
聲聞在會者　各遞相謂言
我樂見樹王　緊那眾遊戲
及所乘宮殿　妙寶以莊嚴
汝奏琉璃琴　眾心皆悦動
迦葉聲聞等　不覺起而舞
由妙音和樂　不能持本心

時天冠菩薩　告迦葉等言
汝等離欲人　云何而舞戲

是時大迦葉　白彼天冠士
佛子有大力　譬如毘嵐風
聲聞無定智　如黑山搖動
雖離惑分別　尚染習氣泥
分證於實際　未斷於諸習
若捨諸粗重　必當得菩提

【疏】 金剛藏讚嘆大樹緊那羅王能發深問，令修密嚴定的行人能證真實。接着便説出他的一段往事。

大樹緊那羅王是一位樂神。有一次他率眾下山到佛住處，在佛前彈奏琉璃琴，佛前大眾，除不動地以上菩薩外都不能自制，隨着琴聲起舞，狀如小兒。其時天冠菩薩覺得奇怪，便問大迦葉說：汝等已經離欲，何故還會聞聲起舞？大迦葉說：這位菩薩有大力，如迅速猛烈的劫末旋風，聲聞眾無智不能持定，是故猶如黑山搖動。天冠菩薩說：八地以上的菩薩其身不動，足見其智的威力，如是即堪令眾生發無上菩提心。

【經】 **汝於微細境　巧慧具諸論**
帝釋世間明　於彼法通達
及緊那羅論　如來清淨理
善於諸地相　明了而決定
端居寶殿中　眷屬共圍繞
光明淨嚴好　猶如盛滿月
觀行得自在　處眾能問答
問我界丈夫　云何從心起
汝及諸佛子　咸應一心聽

【疏】 金剛藏說往事畢，更對王讚嘆。讚嘆二事：通達世間，通達如來清淨理，這便即是通達密嚴，通達如來藏。密嚴是先建立世俗然後建立勝義，所以先說如來法身上顯現的稠密莊嚴世界，以及阿賴耶識顯現世間，然後才由阿賴耶識的轉依來說法身；如來藏是以眾生皆有佛性來先行建立法身，然後才說由法身功德建立的世間。二者其實相同，都是智境與識境雙運的境界。

大樹王於佛前奏琉璃琴，自然是入智識雙運的境界而奏，此境界為聲聞所不堪，但卻跟同樣入此境界的菩薩同聲同氣，難怪天冠菩薩說令人生起智識雙運的菩提心。金剛藏跟這樣一位大士對答，目的即是以此甚深微妙境界，向不識密嚴境界的會眾作示現，然後才回答問題。

【經】 **如其諸界內　心名為丈夫**
諸界因此生　是義我當說

津潤生於水　炎盛生於火
動搖諸作業　因斯起風界
從於色分齊　有虛空及地
識與諸境界　習氣能生身
眼及諸色等　相狀各不同
此無門作門　諸有恒相續

【疏】 云何於心中生起界與丈夫？答言：心即名丈夫，因為阿賴耶識即是如來法身。諸界則由心生起，因為此即識境於智境上隨緣任運而成顯現。

云何有堅濕煖動相？答言：此從緣生。以津潤為緣則生水，以炎盛為緣則生火，以動搖為緣則生風，以物質的份量為緣則以其多寡分別生地或空。不但大種依緣，而且識與根亦能為緣。以識為緣生諸境界，以習氣為緣生六趣身，以習氣的差別為緣可生起相狀不同的根、色。

如是兩種生起：心生諸界名為無作門；從緣生起名為作門。由此兩門生起，即成世間中諸法的顯現相續。

這說法，即是建立一心二門。現代唯識學人對一心二門甚為反感，攻之不遺餘力，但卻未見他們有批評本經。

【經】 **時摩尼寶藏　自在之宮殿**
持進大菩薩　與諸最勝子
俱是從座起　稽首而作禮
各持妙供具　供養金剛藏
覆以寶羅網　同聲而讚佛
聖者善安住　菩薩法雲地
悟入如來境　應現實難量
能為諸大士　開示佛知見

時緊那羅王　並諸采女等
供養而讚歎　金剛藏無畏
摩尼寶宮殿　嚴淨勝道場
為我等開演　如來微妙法

【疏】 金剛藏說畢，持進菩薩及諸大菩薩即向之稽首作供，讚其善住第十法雲地，悟入如來法身境界，此境界即是密嚴刹土。

頌文至此，說以教法為定緣畢。下來轉入另一主題。

【經】 [119]爾時，聖者觀自在菩薩摩訶薩、慈氏菩薩摩訶薩、得大勢菩薩摩訶薩、曼殊室利法王子菩薩摩訶薩、神通王菩薩摩訶薩、寶髻菩薩摩訶薩、天冠菩薩摩訶薩、總持王菩薩摩訶薩、一切義成就菩薩摩訶薩，如是等菩薩摩訶薩，及餘無量修勝定者，皆是佛子，威德自在，決定無畏，善能開示觀行之心，俱從座起，互相觀察，向金剛藏菩薩摩訶薩而說偈曰——

金剛自在尊　　能示於法眼
諸佛所加護　　菩薩皆宗仰
善達於地相　　巧能而建立
佛子大力眾　　同心皆勸請
定王願哀愍　　顯示於密嚴
佛及佛子等　　甚深特奇事

【疏】 九大菩薩為首，與餘大菩薩「互相觀察」，然後向金剛藏讚頌。這些菩薩都修密嚴定而得「威德自在，決定無畏」，便都是十地菩薩，所以都能說密嚴定。他們要「互相觀察」，那便是用法眼來彼此溝通。

讚頌一開頭便是讚金剛藏的法眼，這是歸結全經的讚頌，點出依教法而得法眼，復依見地觀修，便得入密嚴剎土的因，亦即現證如來藏因，現證如來法身與功德雙運因。

甚麼是法眼？法眼為五眼之第四眼，能知十地中各地現證法相，能知眾生根器為其說方便門令其入

119 呂勘：勘藏此譯下仍為頌文，今沿舊譯誤。

道，能知佛密意入究竟修行，且能自知證量而成現證，能知佛說各各法異門之教法方便。在諸十地大菩薩的讚頌中，所讚即是法眼，請金剛藏用法眼來顯示密嚴，是即依佛究竟密意而作顯示。

【經】 **此法最清淨　遠離於言説**
化佛諸菩薩　昔所未開敷
自覺智所行　見真無漏界
微妙現法樂　清淨最無比
具眾三摩地　無量陀羅尼
諸自在解脫　意成身十種
殊勝色清淨　照明於法界
善逝不思議　嚴剎亦如是

佛及諸菩薩　身量如極微
乃至如毛端　百分中之一
密嚴殊妙剎　諸土中嚴勝
如是觀行者　咸來生此中
是皆何所因　佛子願宣説

【疏】 由於密嚴法是三世諸佛究竟密意，是故最極清淨而且離言說而不可思議。由於離言說，是故用言說來說法的化身佛便未曾說此法。

密嚴法具十功德。

1、「自覺智所行」。這即是成佛時內自證智境界，於境界中所行，便是令智能起用，由是即顯示法身功德而成密嚴境界。

2、「見真無漏界」。內自證智雖然跟功德雙運，從而在智境上有識境顯現，但這雙運境實是無漏界，因為若如如而見識境（唯心所自見而見），識境清淨無漏。

3、「微妙現法樂」。於智識雙運的密嚴境界中示現世間，這便是法樂，因為能成就世間即是世間的大樂。

4、「清淨最無比」。密嚴境界的智境固然無比清淨，因為即是如來法身，其識境亦無比清淨，因為本性自性即如來性。

5、「具眾三摩地」。密嚴智識雙運境，涵蓋一切定境，故云。

6、「無量陀羅尼」。陀羅尼即是總持，密嚴既是佛內自證智境，自然總持無量法異門。

7、「諸自在解脫」。既為無量法門總持，當然能令眾生隨根器入一法門而行解脫，是即自在。

8、「意成身十種」。菩薩有十地，所以便有十種意生身，密嚴剎土唯意生身始能入，是故可說是具十意生身。

9、「殊勝色清淨，照明於法界」。如來法身可譬喻為水晶，內涵五色光明，當與世間雙運時，可譬喻為光明破水晶而出，故說此光明為殊勝色，而且清淨，周遍法界。

10、「善逝不思議，嚴剎亦如是」。密嚴既是如來法身與其功德雙運的境界，自然離識境名言句義，由是不可思議。

頌文接着說密嚴中佛菩薩身量如極微，即離言說而說。落於言說有大小，離言即離相對，故無大小。以此為例，即說明密嚴剎土「殊妙」（殊勝微妙）。然則何以觀修密嚴的人都生此中，其生因究竟是甚麼？這是諸十地大菩薩的第二問。

【經】

爾時金剛藏　菩薩摩訶薩
身如師子臆　具三十二相
以隨好莊嚴　將欲廣開示
觀察彼大會　猶如師子王
知眾堪聽聞　古先佛祕旨
我今演法眼　離於能所覺

金剛藏即發　清淨梵音聲
迦陵頻伽聲　廣長舌相聲
巧妙無粗獷　世間稱歎聲
廣略美暢聲　克諧鍾律聲
高韻朗徹聲　乾馱羅中聲
雄聲與直聲　罽尸迦哀聲
歌詠相應聲　急聲及緩聲
深遠和暢聲　一切皆具足

眾德以相應　聞之而離著
心無有厭倦　一切皆欣樂
悉能盡通達　所有音聲相
自然而普應　無作無功用

【疏】說金剛藏具三十二相等，即是說金剛藏如佛。在演說法眼之前先觀察會眾，皆堪聞法，如是始作顯示。

顯示法眼，非用言說，因用言說即非密意，是故發十五種聲而作顯示。聽者聞聲，由於與所有聲音相應，自然通達。這便是不落言說而聽，所以說是無作意、離功用。

【經】**金剛藏菩薩　口未曾言說**
所有諸音聲　但由本願力
從眉額及頂　鼻端肩與膝
猶如於變化　自然出妙音
普為諸大眾　開示於法眼

勇猛金剛藏　住於自在宮
最勝子圍繞　清淨而嚴潔
如鵝王在池　群鵝而翼從

大定金剛藏　處於師子座
映蔽於一切　所有修行人
猶如月在空　光映於列宿
如月與光明　而無有差別
金剛藏威德　與佛亦復然

【疏】金剛藏由六處發聲，因為聲音有六律，然而尚有密意：由眉發聲，因為眉輪是菩薩用來感應識境的處所；由額發聲，是即通向六根門頭的處所；由頂發聲，頂輪涵蓋全身；由鼻端發聲，因為是心氣無二的處所；由肩與膝發聲，以四肢表動態故。

金剛藏於自在宮中為諸最勝子圍繞，「如鵝王在池，群鵝而翼從」，那是再比喻金剛藏如佛，證成他的顯示即如佛之顯示。

第三段頌文則說金剛藏實於定中作顯示，是即其說法眼，實為定中的內自證。依內自證智而發聲，是故說有光明。此亦顯示其如佛，只不過佛則不須更修大定。

此處只由發聲而顯示法眼，即回答諸大菩薩所問的生密嚴因，是即離言而得生密嚴。

【經】 **爾時如實見　菩薩之大力**
修行中最勝　住於瑜伽道
即從座而起　觀察大眾言
奇哉大乘法　如來微妙境
一切佛國中　佛子應頂禮
無思離垢法　諸佛所觀察
希有甚微密　大乘清淨理
非惡覺境界　轉依之妙道

八種識差別　三自性不同
五法二無我　各各而開示
五種習所纏　生諸妄分別
見此微妙法　清淨如真金
得於真性者　則住佛種姓
如來性微妙　離聲聞外道
密嚴諸剎勝　證者乃能往

尊者金剛藏　已得何等持
所說淨法眼　是何等持境

時無量菩薩　復禮金剛藏
大智金剛尊　願為我開演
住何三摩地　而能說是法
此諸佛子等　一切皆樂聞

【疏】 金剛藏未用言說來顯示，是故便由如實見菩薩來作言說，此菩薩於修行中最勝，故能住於瑜伽道的境界中而具大力。他觀察大眾後，即讚嘆金剛藏所顯示的如來微妙境界，為諸佛所觀的「**無私離垢法**」，是亦為「**大乘清淨理**」，依此即可成轉依。

欲成轉依，可由八識、三自性、五法、二無我入，於此四教法中得法眼。然而，若受五種習氣所纏，則對此四種教法妄生分別，如是即不能得法眼而成轉依。所謂五種習氣，對凡夫來說，即為五鈍使：貪、瞋、癡、慢、疑；對聲聞及外道來說，即為五利使：有身見、邊執見、邪見、見取見、禁戒取見；若通言，則為由煩惱所起的五種心理狀態，是即惱、亂、煩、惑、污。

若見此微妙法清淨，入無分別，即能證真性（如來法身本性），住佛種姓。

於是如實見菩薩便問金剛藏的定境，由何等持境界來顯示清淨法眼。

諸菩薩於是復向金剛藏頂禮，請金剛藏說，住甚麼等持境而能說此法。

【經】 爾時金剛藏　處自在宮殿
觀察於大會　自心而念言
此法不思議　十力微妙境
由慧之所持　誰當堪聽受
已見堪住者　皆諸佛之子
即時而告言　汝等當諦聽
我今為汝說　轉依之妙道

我為諸佛子　他化自在眾
以得三摩地　名大乘威德
住於此定中　演清淨法眼
亦見億塵剎　所有諸善逝
那庾多塵億　在前而讚歎
善哉汝所說　此是瑜伽道
我等悉皆行　如是三摩地
於斯得自在　清淨成正覺
十方一切佛　皆從此定生
當知最殊勝　非思量所及

若有諸菩薩　得住此定中
即住不思議　諸佛之境界
證於自智境　見三摩地佛
變化百千億　乃至如微塵
自覺聖智境　諸佛所安立

【疏】 金剛藏先觀察會眾，誰堪聽受這不可思議法門，這法門具足十力，為不可言說的微妙境界。會中見堪任者唯是佛子大菩薩眾，於是即告彼等曰：我所宣說即是轉依之妙道。

金剛藏說，我今為諸佛子及他化自在天眾，說等持境。此三摩地名大乘威德三摩地，於等持中，能見億萬微塵剎土，有那庾多塵數億佛現前讚嘆。讚我持定所說為瑜伽道，一切佛皆由如是三摩地得自在，成正覺。所以說「十方一切佛，皆從此定生」。

若菩薩住於此定，即住不可思議的諸佛境界，於其內自證智境界中，見定中諸佛變化百千萬億，乃至見佛如微塵，離大小相對故。此即諸佛安立的「自覺聖智境」。

【經】 **此法無諸相　遠離於聲色**
名從於相生　相從因緣起
此二生分別　諸法性如如
於斯善觀察　是名為正智

【疏】 由本頌起，說諸法所讚。由佛所讚即知何謂法眼。本段頌文說五法。

五法即相、名、分別、正智、如如。名從相生，相從緣起，皆有分別，且由分別而得生起。至於如如，則無一切諸法相，只可以說是法性相，此相為諸佛以後得智見識境相。了達如如相，其所了達即名為正智，所以如如與正智都離分別。

此說五法的法眼，即是須知分別與無分別，能現證分別無分別，即得法眼。

【經】　**名為遍計性　相是依他起**
遠離於名相　是名第一義

【疏】　此頌說三自性，依五法而說，說為「名為遍計性，相是依他起，遠離於名相，是名第一義。」

此說第一義，若依觀修便有兩個層次：一個層次是，如來法身功德與依功德而生起的識境雙運，此中如來法身功德為勝義，識境自顯現為世俗；進一步便是另一個層次，如來法身與如來法身功德雙運，此中如來法身為勝義，如來法身功德為世俗。現在說的，應該是後一層次。

所以對於三自性，亦應依五法來作決定，以了知名與相落分別，遠離名相的圓成性則無分別。如是現證即得法眼。

【經】　**藏識住於身　隨處而流轉**
習氣如山積　染意之所纏
末那有二門　意識同時起
五境現前轉　諸識身和合
猶如有我人　住在於身內
藏識暴流水　境界風所飄
種種識浪生　相續恒無斷

【疏】　這段頌文說八識。

阿賴耶識隨處流轉，由是而成世間，然而阿賴耶識本自不動，只是受七識影響而轉。七識何以流轉，根源在於習氣，由習氣纏縛第七識，第七識復執持第六意識，於是成為虛妄與污染，所以頌文說「末那有二門」。

末那的二門，若單說第七末那識，可以說是污染意。由執自我，建立我與我所，如是即有種種分別，故說之為污染意。若將第七末那識連同第六意識而說，由於意識參與其餘五識的轉動，於是五識轉動便成二取，由是生起種種分別。以此之故，依末那二門，頌文便說「猶如有我人，住在於身內」，是即說建立自我的污染；頌文說「藏識暴流水，境界風所飄，種種識浪生，相續恆無斷。」是即說五識建立二取的虛妄。

所以八識的法眼，在於阿賴耶識。阿賴耶識轉動，即有分別；若阿賴耶識無動，即無分別，不受末那二門影響。

【經】 **佛及諸佛子　能知法無我**
已得成如來　復為人宣說
分析於諸蘊　見人無我性
不知法無我　是說為聲聞
菩薩所修行　善達二無我
觀已即便捨　不住於實際
若住於實際　便捨大悲心
功業悉不成　不得成正覺

【疏】 此處說二無我。

佛及佛子了知阿賴耶識成立世間，所以了知法無我。若僅分析諸蘊中無我，那便只能了知人無我，是即聲聞眾未得法眼。

如是即知二無我的法眼，在於了知法無我。

依此說菩薩修行，即依通達二無我而修。如何通達？頌文說為「**觀已即便捨，不住於實際**」，這便是菩薩修行的法眼。何以觀二無我須不住實際呢？頌文說為「**若住於實際，便捨大悲心，功業悉不成，不得成正覺。**」這一點，須稍加解釋。

前面已經說過，智境與識境雙運有兩重境界，一重是如來法身功德與識境雙運，若菩薩觀修法無我，見識境中一切法無我，並以此為實際，那麼便等於永遠住於這一重智識雙運的境界。這重境界可以說為無相，然而經言：「**無相不能入大乘**」，這便是不能超越無相，進入另一重更高的境界。由此之故，亦不能理解何謂大悲。

若不住實際，亦即不住入自己現證的雙運智境，那麼，便能超越無相而成有相。進而修習，即入如來法身與如來法身功德雙運的境界，且以如來法身功德為世俗，這便是建立無量大悲，因為依如來法身功德，可以周遍成立一切識境。將功德視為世俗，便是建立大悲，建立一切識境的成立因。如是亦即成立有相，一切諸法為任運圓成相，是依如來法身功德超越相礙而成任運，所以只是了別相，而不是分別相。關於這一點，必須依觀修才能悟入，所以金剛藏亦須住於定中才能顯示。這亦即是說究竟的法無我，是為法眼。

【經】 希有難思智　普利諸有情
如蓮出淤泥　色相甚嚴潔
諸天聖人等　見之生愛敬
如是佛菩薩　出於生死泥
成佛體清淨　諸天所欣仰
從初菩薩位　或作轉輪王
或住乾闥婆　阿修羅王等
了悟大乘法　獲於如是身
漸次而修行　決定得成佛
是故諸佛子　宜應一心學

【疏】 說法眼畢，接着說此法眼須漸修而成。

【經】 所有雜染法　及與清淨法
恆於生死中　皆因賴耶轉
此因勝無比　證實者宣示
非與於能作　自在等相似
世尊說此識　為除諸習氣
了達於清淨　[120]賴耶不可得
賴耶若可得　清淨非是常
如來清淨藏　亦名無垢智
常住無終始　離四句言說[121]
佛說如來藏　以為阿賴耶
惡慧不能知　藏即賴耶識

120 呂勘：勘藏譯次三句云：「與賴耶不異，賴耶若異淨，賴耶應非常。」

121 呂勘：藏譯次出後頌云：「展轉藏無別，猶手足釧位，諸界雜賴耶，即如來淨藏。」

【疏】 此說阿賴耶識。阿賴耶識的法眼即在於了知「**所有雜染法，及與清淨法，恆於生死中，皆因賴耶轉**」。這是佛的現證。

因此可以說，阿賴耶識是成立世間因，亦是密嚴刹土，以雜染或清淨為區別。說此為因，不同外道以能作、自在等為因。

佛施設阿賴耶識言說，實在為淨除種種習氣，而令行人了達清淨。清淨與賴耶不異，如果有異，便不能說賴耶為常、清淨為常，亦不能說密嚴刹土為常。

如來藏即是無垢智，因為是佛內自證智境界，當然無垢，且離言說，同時亦必恆常，亦必離言說。現在有些學人，對說如來藏恆常很不以為然，那是因為他們不知道，如來藏即是如來法身與功德雙運的緣故。法身與功德豈能不恆常。

佛說如來藏即是阿賴耶，此為惡慧者所不能知。惡慧由於立宗，無論任何宗派都落言說，一落言說便不能究竟離邊見，所以任何宗見都只能視為方便。欲知究竟，必須依佛密意作抉擇與決定而觀修，若不觀修，則連諸佛密意都會被當成言說。

【經】 **如來清淨藏　世間阿賴耶**
如金與指環　展轉無差別

譬如巧金師　以淨好真金
造作指嚴具　欲以莊嚴指
其相異眾物　說名為指環

【疏】 這是密嚴經最著名的一個頌。如來藏如金，阿賴耶如指環，所以二者無差別。說如來藏時，是以智為本體；說阿賴耶識時，是以相為本體，然而此相亦依於智而成立，一如指環亦依於金而成立，由是始說二者無有差別。

由這個頌，即能理解何以如來藏即是阿賴耶識，阿賴耶識又即是密嚴剎土。

【經】 **現法樂聖人　證自覺智境**
功德轉增勝　自共無能說
現法諸定者　了達境唯心
得於第七地　悉皆而轉滅
[122]**心識之所緣　一切外境界**
見種種差別　無境但唯心
瓶依等眾幻　一切皆無有
心變似彼現　有能取所取

譬如星月等　依須彌運行
諸識亦復然　恆依賴耶轉
[123]**賴耶即密嚴　妙體本清淨**
[124]**無心亦無覺　光潔如真金**
不可得分別　性與分別離
體實是圓成　瑜伽者當見

122 呂勘：玄奘譯《成唯識論》卷七，引此頌云：「心意識所緣，皆非離自性，故我說一切，唯有識無餘。」

123 呂勘：藏譯此句云：「說賴耶是藏。」

124 呂勘：藏譯此句云：「非分別心境。」

意識緣於境　但縛於愚夫
聖見悉清淨　猶如陽焰等

【疏】 大菩薩與佛均為「**現法樂聖人**」，自證智境寂靜為樂，見如來法身功德為樂（見功德即等同如實見識境自顯現，識境成就，是即大樂）。此現證無能說，因為不落言說。

由第七地即不由分別而見外境，但見世間唯識無境。是故瓶衣等種種幻相，悉皆無有真實，由心變現而成似境，若不了達真實，便有能取所取。

諸識依阿賴耶識轉動，猶如星月依須彌山運行。此即說阿賴耶識本無轉動，本來微妙清淨，不是分別心的境界，是故說「**光潔如真金**」。阿賴耶識既然是本來無有分別，便可以說是圓成性，修密嚴定的行人，即能見此圓成。

當意識緣於境時，成於分別，此但縛凡夫，不縛聖者，聖者所見，悉為無分別清淨境，猶如陽燄，有水相與無水相悉無分別。

這段頌文說明阿賴耶識即是密嚴，實依法眼，由無分別而說。

據實而言，行者得無分別，須遣除名言句義；除名言句義，須離習氣；離習氣，須了知阿賴耶識。這便是得法眼的次第。

至此，說法眼畢。全經圓滿。

【經】 [125]**爾時，世尊說是經已，金剛藏等無量菩薩摩訶薩，及從他方來此會者微塵數眾，聞佛所說，皆大歡喜，信受奉行。**

【疏】 此為流通分，疑為後人所加。因為「世尊說是經已」一句，與經文金剛藏說法不符。藏譯無此，應合。

125 呂勘：藏譯下缺。

附錄

附錄一：布施品第二

編按：本經藏譯比漢譯多出《布施品第二》，今譯出以便參考。

復次，文殊師利孺童從座而起，偏袒右肩，右膝著地，向世尊釋迦能仁如來應供正等覺合掌頂禮而言：世尊，若諸有情犯五無間罪，捨離正法，捨離聖者，墮無間地獄，漠視雙親，殺害梵志與牛，彼等如何圓滿解脫？世尊，彼等如何圓滿解脫輪迴之苦？

佛言：文殊師利，行二種布施之有情可圓滿解脫輪迴之苦，亦即行法布施與財布施。依法布施可憶念宿生，依財布施者可利濟一切有情；依財布施可圓滿淨除飢渴之苦，依法布施可令有情從地獄、旁生及閻羅世間之苦中圓滿解脫。文殊師利，若行此二種布施，即可含攝一切布施。文殊師利，復次，五種布施可含攝一切布施與隨布施（nye ba'i sbyin pa），云何為五布施？即 —— 布施馬，布施傘，布施絹帛，布施衣，布施法衣、齋僧物、臥具、坐墊、藥物與資具，由是即可圓滿淨除一切苦厄。文殊師利，有情或犯五無間罪、或捨正法、或捨聖者、或墮無間地獄、或長劫住於（無間地獄）、或漠視三寶、或害佛法僧、或劫奪眾人財物，文殊師利，若有人於此極為廣大希有之大寶密嚴經或聽聞、或發問、或書寫、或受持、或誦讀、或流通、或為他人廣作開演、甚或宣說一字，若有人能講說、恭敬、供奉此經，晨起後即瞻仰、先行誦讀，復以手觸摸，文殊師利，其人縱為屠羊人、或衣衫襤褸、或為賤民，彼等亦能圓滿解脫地獄、畜生界及閻羅世間之一切苦厄。文殊師利，無論何地，若有人講說此經，縱見彼處之墳場、屍體乃至腐屍亦能淨五無間業。文殊師利，大海中有餓鬼，其腹巨達百千由旬，彼餓鬼因自身業力而受難忍之苦。同此，文殊師利，若有有情捨離此大寶經，彼等亦將受苦。文殊師利，若有有情敬奉此經，供以鮮花、熏香、燈、香、珠鬘、塗香、粉、法衣、傘、勝幢與天幡，且講說此經並作供養，彼講經者縱犯五無間罪，其心亦不受擾亂。若有畜生界之獸類與禽類講說此經，其死後之腐屍置於屍林，肉被食盡，彼等亦不退轉，且將證得無上正等正覺，其餘一切（聞法之）禽獸亦將登此密嚴佛土，於此不應有猶疑與困惑。有情若於往昔曾植善根，曾為菩薩所攝受，未曾失壞菩薩種，則彼等終將於後生後世得聞此大寶經，且於聞後能作廣大供養。

總攝一切經之《大寶密嚴經》第二〈布施品〉竟。

（中國人民大學國學院楊杰譯）

附錄二：大乘密嚴經品目

按：本篇為本經《藏要》本導論，歐陽竟無先生所撰，今附錄於此，供讀者參考。略作分段，以便讀者。原文僅有句讀，無標點符號，今則仍舊，因唯識家思維縝密，恐錯改標點，違其原意。唯原句讀有誤刊者，則加改正。

密嚴道場品第一

入密嚴微妙身生品第二

胎藏生品第三

自作境界品第四

辯觀行品第五

趣入阿賴耶品第六

我識境界品第七

阿賴耶即密嚴品第八

大乘密嚴經者・蓋是總大法門之一・而二轉依之要軌也。法門無量・區別於境行果三・果之為大涅槃經・行之為大般若經佛華嚴經・而境之為大乘密嚴經・故曰密嚴經者總大法門之一也。迷悟依於真如・而密嚴剎土即涅槃定窟・染淨依於藏識・而賴耶生身即菩提慧命・故曰密嚴經者二轉依之要軌也。

先讀其文・後抉其義。文為八品・無所謂序分流通・一字一義・莫不詳詮剎土生身而已。初一詮密嚴剎土。次六詮賴耶生身・賴耶生身是慧境界・是淨生・依止賴耶生身是心境界・是染生・心慧淨染皆自所作・生既自作・所生之觀行應審也。勸淨生身賴耶之體性應詳也。戒染生身我執之為害應去也。後詮生身即剎土・賴耶所以即密嚴也・此一經之大較也。請細讀之。

初一詮密嚴剎土者・佛俱密嚴人・入密嚴場・說密嚴法・先示剎土名意生身・後示剎土無量生身常住。夫此常住・以觀行言名如來藏・以虛空不壞言名涅槃・名法界・以常住言名法住性・法界性・法決定性。法決定性・捨有情大悲・不得究竟慧・菩薩不證・近住而已・必入法身・智色資用・廣大威德充量莊嚴・而後隱真不現・則所謂無住涅槃佛所覺義。此之謂密嚴剎土也。偈頌殘缺・姑置不敍。如是讀密嚴道場品第一。

次六詮賴耶生身・其淨生身者・以三番談。

初番談涅槃非滅壞義。將談是義先事勸修。世幻唯心・證空即入・以是而勸修也。寶在密嚴・密嚴所歸・是為歸依・觀世間虛偽緣起・觀賴耶無染常住・是為觀入・一心密嚴・不著三界・是為修住・以是歸依觀入修住而勸修也。夫涅槃者・解脫所趣・智慧所歸・烏乎壞滅。法相善巧・唯識無取・百法無別・五法平等・是等知見來生其國・豈彼斷滅可得而生。人法依識・習滅識存・微妙轉依・烏乎壞滅。求生密嚴者・應修十智・四教是勤。轉識無自性・藏識性決定也。相名分別生・

智如無分別也。無別為依圓・分別成遍計也。生法本無我・無別入密嚴也。相名分別三皆識現・昧起分別・離乃圓成也。涅槃非滅故密嚴微妙・土殊勝・經殊勝・境界殊勝・勝於極樂・所言勝於極樂者・主伴亦同・生眾不及故也。

二番談世間唯心現義。世間眾色・非他作・非無作・唯藏識作。藏識所以能作者・持種為依・與轉共力・蘊習互生故也。然共作而無染・雖作而莫能見・唯定為能見也。又其所以作者・有無能所・迷於其心・本轉頓起・遂成境界・而皆依於藏識・一切唯心現・觀行久而見也。

三番談淨智深法義。示現色相應化・情與無情・而無迷惑・此智之境而不可思議者也。生身剎土・以修以慧乃能殊勝・修以度地・慧了唯心・善說賴耶三性無我是也。如是讀入密嚴微妙身生品第二。

其染生身者・精血和合・業力輪迴・諸趣之苦何如密嚴・智者所以勤修定也・如是讀胎藏生品第三。

心慧淨染皆自所作者・八九種心與無明轉・是生世間而剎那即滅・密嚴無生死眷屬・是故不壞。有情識境・身蘊處界・大微諸法・迷心所現・心境非真・真為慧境・心境繫縛・慧境解脫。此一番談有情心密嚴境也。

密嚴剎土境勝堅定・轉依識體・從智所生・非世所量。世間唯心・內外能所・心物瓶色・能性所性・悉從二起。密嚴妙定・淨除貪欲然後能生。汝何著迷而生世身・何不修定而得佛身。又能所幻作皆由分別・迷計觀離・不生不滅是為真實・明燈破暗智火焚薪・霎時間事。此二番談有情心密嚴境也。如是讀自作境界品第四。

所生之觀行應審者・在人法二空觀而已・修此空觀不生染邪二覺・而漸生密嚴・蓋世事由壞起・密嚴以智成也・如是讀辯觀行品第五。

賴耶之體性應詳者・信能成佛必解脫・淨其種姓必授記・了分別依於賴耶・見已合於密嚴・了賴耶圓滿淨常・境即得於無漏・賴耶在諸識中轉而不為所染也・染淨依中淨即諸乘種也・善惡依中執即輪迴果也・賴耶流轉成世而非作者也・體微而難知也・此初番以九事談體性也。賴耶無染現三界十地・其體微妙唯密嚴者能見・其體真實非轉識之虛幻・諸佛以之立教・如燈鏡金石正道之標相也・此次番以四事談體性也。如是讀趣入賴耶品第六。

我執之為害應去者・諸唯是識・外道則倡言我執・其為害也如雪山能害・肆其種種詐變・有無一多我我所論・殺食有情輪迴生死無有出期・應勸淨除速生妙土・如是讀我識境界品第七。

後一詮生身即剎土者・初番之所談為教。先談五法之相名分別・一切依名・名依於相・從名分別而為事・從相分別而立名・相名分別皆空・但識轉變・尋思無體即得住定・以定供佛以定益生。蓋一切染法唯是分別也・一切淨法唯無分別也。次談三性五法八識無我・八不八喻・妄不如實為遍計性・三合緣起是依他性・無漏智境名真實性。名依相起・從分別生・正智如如遠離分別。轉依於本・本因於種・種現世間・本轉互生。無有二我・唯賴耶現。賴耶常住眾識與轉・悟則無轉。賴耶無漏・燒鍊鑽搖・勤觀乃得・勤觀生於密嚴・隨樂而應於化也。

後抉擇談賴耶・現境・滅計・流轉三義應明。現境義者賴耶無始受於熏習・不悟自心隨識境現・了心薪盡無漏能通・淨藏與習・相應無漏・現淨功德・若無思隨流・翳眼見色・生識作業・即現似色及現似我・然斷染出習亦得果矣。滅計義者・維覆與幻生計之因・維了藏識滅計之果・滅成無漏悟即縛空。流轉義者・賴耶隨於諸識・諸識依於賴耶・業習輪轉・體業緣別・流轉無窮。此所謂初番談教也。

二番之所談為定。尋伺喜樂・寂靜入禪・四八至十・名等尋常・不思議境非分別所知・如是為定。外道聲聞・迷我迷空・執相執性・是為有見・執空破智・是為無見・如是為非定。識依賴耶・賴耶俱識・增墮生死・轉依成覺・如是諸依・是為定所。行緣則善行淨行・教緣則開權顯實・是為定緣。顯實者・顯密嚴也・即所顯賴耶也・藏相本空・心名丈夫・界生自識・無門作門也。此謂二番談定也。

三番之所談為法眼。由本願力・口未曾說・眉頂肩膝出無量聲・開示法眼・是等威德為密嚴生因。四教賴耶說為法眼。名從相生・相從緣起・二生分別・法性如如・了名正智・五法之眼在別無別。名為遍計・相是依他・離則勝義・三性之眼亦別無別。藏以識合・暴流無斷・本自無動・八識之眼亦別無別。無別即無我・眼在於法無。此四教之眼即微妙廣大之密嚴道場也。染淨皆依賴耶・為除習而說淨・淨如來藏世阿賴耶・如金與環物一名殊・性本清淨・清淨妙體密嚴則同・此賴耶之眼即微妙常住之密嚴道場也。此所謂三番談法眼也。如是讀阿賴耶即密嚴品第八。讀經文竟。

經義以十談・一總・二教・三經・四如來藏阿賴耶・五法身・六唯智學・七定・八身土・九不壞世間・十闢謬。

且初總者・一切法仗依作佛轉二依・迷悟依於真如・染淨依於藏識・轉迷為悟而得菩提・轉染為淨而得涅槃・教及如來藏賴耶法身是染淨邊事・經與唯智學定土世間是迷悟邊事也。何以迷悟依於真如・染淨依於藏識耶。能依於所・所依於能故也。無明為迷・正智為悟・迷悟皆變動不居・是故為能・真如周遍常住・是故為所。藏識受熏持種・是故為能・淨為法界染是世間・染淨皆真幻可相・是故為所。何以轉依必以二也・體用異類故也・菩提是用涅槃是體故也。

然細分別・應談四涅槃四體用・應以四涅槃配四體用而談也。

體中之體・自性涅槃是也・自性之名亦稱本性・本來法爾畢竟不動・有佛無佛此性真常・有情無情此性皆在・是為法住性・法界性・法尼夜摩性。

體中之用無餘涅槃是也・有餘屬於無餘・無餘境界是體相之究竟・然必擇滅解脫始得而躋・體必仗用以呈・非若自性無所云呈・故曰體中之用也。

用中之用菩提是也。

用中之體無住涅槃是也・無餘是根本・無住乃增上・我皆令入無餘涅槃而滅度之・根本於無餘滅度・而增上於我皆令入・事非異類・詮可不殊・然我皆令入・則證真在最後一期・

未至其期，則觀空不證而必箭箭注栝，不第菩提而必一切智智，一切智智無非正智，正智緣如，緣則交融不可言二，明明智如不可言一，或復言二帚琴摸象，或復言一淨穢吞鯨，諸佛說為可憐愍者，正智萬行緣如契體，體是用中之體，化事已畢然後隱真，體乃畢竟之體也。

問，無住涅槃既契真體，功德盡於無際即足為究竟之歸，何以必歸極於無餘耶。

答，對斷見之談說功德無際，辨體用之性必寂滅寂靜，寂滅寂靜法界然後清淨然後一真。

問，無餘涅槃，灰心滅智，無益於世，而為德本，亦何貴耶。

答，法爾如是，不可思議，不容私心，猜疑揀擇。又況無上依經，住無餘涅槃不捨眾生利益事，妙法華經，入滅如來與佛同化，現湧寶塔大演法華，蓋因德無量，果位現行竟於未來而無有際，不如菩薩業必依身。

問，既許轉依為二，則無住亦果，云何非竟，必取無餘耶。

答，大涅槃經，因果以四句談，有因有果有因因有果果，十二因緣是因，菩提是果，觀緣智是因因，大般涅槃是果果，對十二因緣則菩提是果，對大般涅槃則菩提非果果，何為果果，以菩提之果，顯涅槃之果，最後之歸果，是涅槃之果也。於此有問儒釋之辨，則作答言，古之欲明明德於天下者是儒，我皆令入無餘涅槃是釋，斯事詳於另文。

二教者，五法三自性，八識二無我，是諸佛至教，亦釋迦如來一代之聖教。無著顯揚聖教・以二事明曰染曰淨・詮解當情蘇迷不動。蓋分別之謂染・無分別之謂・名從相起相從緣生・此二分別乃是其染・離二智如乃是其淨。遍計是名・依他是相・乃是其染・離二依圓・乃是其淨。七六五識皆分別生・乃是其染・賴耶無別・乃是其淨。人法無我・是無分別・無染唯淨。五法攝於三性・三性攝於八識・八識之淨是阿賴耶・是故經談賴耶體性・而即斷言・此即是諸佛・最勝之教理・衡量一切法・如稱如明鏡・照曜如明燈・試驗如金石。稱言平等・鏡徹深微・燈明破闇・金石表堅。五法三自性八識二無我・建立聖教・有經有論・有皇皇聖言・有至正理・香海蘇迷・此案不動。

問・楞伽經言・如先佛所說一百八種句・又言此百八句皆是過去諸佛所說・云何諸佛至教是五法三性八識無我耶。

答・即楞伽言・此五種法・三性八識・及二無我・一切佛法・普皆攝盡。又瑜伽言・諸佛語言九事所攝・謂蘊處緣起・食及諦界・佛與弟子・菩提分法・會時八眾・楞伽亦言・言說法相者・謂說九部種種教法・以九事攝百八句盡・以五法攝九事畢盡・是故五法三性八識無我如是以立教。

問・解深密經・三時說教・教有異耶。

答・阿含四諦・般若隱密・深密顯了・無不攝於九事・唯善巧之不同・豈所事之或異。

問・四教五教・台賢所立・為何如耶。

答・凡諸建立・據於教理・教謂經論・理即因明。如五教十理之成八識・顯揚所成・善巧無常・苦空無性・現觀瑜伽・不思議等・莫不皆謂薄伽梵說・如佛所說。若四教之立・

羌無聖言・馳騁風雲・九州鐵錯。天台既已自言・以涅槃五喻成四教位・而復更以憑空四教成涅槃喻・謂若不將四教釋喻・喻不可解・若解四位・彼喻泠然・若信五喻・此位亦曉・彼此相須・可謂兼美。是何言歟。夫因明正理・以已成因成未成宗・未聞以未成宗・成待成因・又未聞舉因立宗翻為舉宗立因・更未聞宗因同時交互相成・但見過叢・反矜兼美・所謂相似法・烏足以立教。若夫五教・標竊天台・賢首過中又過・有何費力於齒牙。

三經者・密嚴經言・十地華嚴等大樹與神通・勝鬘及餘經・皆從此經出・如是密嚴經・一切經中勝。此一行半頌・其義可得談。

密嚴經說・諸修觀行・於其欲色・空識非想・種種宮殿・漸次除欲・入密嚴宮・受用無邊微妙勝境・而十地華嚴・初地作閻浮提王・二地作轉輪聖王・乃至九地作二千世界主大梵天王・十地作摩醯首羅天王・修行施戒忍等十度・出現微妙不可思議無邊境界。

密嚴經說・諸修觀行・於密嚴國皆同諸佛安樂清淨・剎土境界無不殊勝・而大樹經中五十三聖安住法界・乃至彌勒樓閣・種種殊特不可思議。

密嚴經說・賴耶如來藏無二無別・而為諸識所纏・而勝鬘經言・在纏為如來藏・是故佛說諸經密嚴所出。然佛世尊・復說餘經皆出於此・是則不獨弘演賴耶・有深密楞伽・阿毗達磨・如來功德莊嚴諸如是等。更有餘經・不增不減・不壞不滅・莊嚴三昧・法界體性・流轉諸有・無上依・如來藏・菩薩藏・同性・法身・佛地・一切一切・亦復詮表依圓・智如八識・是亦得謂密嚴所出也。

夫至人立教・示人以大王路也。學人勤修・乘諸乘而歷諸位也。成人取證・轉菩提涅槃二依也。境行果三・經藏之所以結集也・菩薩之所以造論也。彌勒以是造瑜伽・無著以是造攝論也。

瑜伽談境・談意與五識及阿賴耶・談六善巧六百六十法門。攝論談境・談賴耶・談三性・則法相一大法門・而大乘密嚴經冠其首也。

攝論談行・彼入因果分談十度・則般若一大法門・而大般若經其首也。彼修差別分談十地・則瑜伽一大法門・而佛華嚴經冠其首也。瑜伽談行・聲聞地談四諦・則阿含一大法門・而四阿含經冠其首也。

攝論談果・彼果斷彼果智分談無住涅槃・談三身。瑜伽談果・有餘依無餘依地談有餘無餘・則涅槃一大法門・而大涅槃經冠其首也。

至於境行果三・不可攝歸專部・平等平等・不容繫於一宗・寶之所積・法之所集・則積集一大法門・而大寶積經及大集經冠其首也。

如是建立法相門第一・般若門第二・瑜伽門第三・阿含門第四・涅槃門第五・積集門第六・以是整理一大經藏也。

問・瑜伽法相是一法門・而乃二之何耶。

答・非二之也・以境行為二・對行之境不能不為法相・對行之般若不能不為瑜伽・一物而二用之亦無妨也。

問・何不以十地對十度為行・以法相合瑜伽為境・取地

配度義・而行之獨為般若耶。

答・古之十地・獨立為經・今入華嚴・復合樹嚴・汪洋廣大・豈如地配度義之一隅。空有兩輪・乘大乘行・要必瑜伽廣義・般若深義・融冶於一斯為大觀・攝論地論・邱壑小師・乃下喬木復入幽谷歟。

問・何不以時列次・始華嚴阿含・終法相涅槃・為息爭耶。

答・繫義於時・非捨義取時・亦無不可・今姑敘義・非必捨時。

問・台教以華嚴方等般若法華涅槃敘次・甚契時義・不適宜耶。

答・法華涅槃・據以經言・不可分時。方等攝於一切・明明大方廣佛華嚴經・佛說方等般泥洹經・而外華嚴涅槃而別立歟。

問・古以般若寶積大集華嚴涅槃五大部外別集敘次・獨為不取何耶。

答・此除般若佛母一義・餘皆無義・但拘初出五部大經・曾何足取。

四如來藏阿賴耶者・初列其名・有藏識・如來藏阿賴耶共・楞伽名如來藏藏識・唯識所謂阿賴耶具能所執藏是也。有如來藏如來藏・密嚴所謂如來清淨藏亦名無垢智是也。有阿賴耶阿賴耶・攝論所謂何處說阿賴耶識名阿賴耶識是也。有如來藏阿賴耶・密嚴所謂藏即賴耶識・如來清淨藏・世間阿賴耶・

展轉無差別・是也。有阿賴耶如來藏・攝論所謂無漏種寄賴耶中轉・勝鬘所謂在纏如來藏是也。有言其性・有言其相・有言其染淨不離・得其名之差別・可以解於糾紛。

次釋其義。

問・如來藏隨緣共轉・習覆染纏・受熏持種・為因作果・此一義也。如來藏不動常住・不變無我・本淨無染・圓無增減・決定種姓・為大涅槃・此一義也。二義相反・云何可通。若是一識・自語相違・世間相違・決定相違・成何聖教・豈如來藏不可思議・體微難知・斯即分別都無・因明可滅耶。

答・是義詳於辨中邊論・於彼亦有此者・前義也。此中唯有空者・後義也。若異・應法性異法・若一・應非淨智境是也。蓋前之為識用識相・後之為識體識性・用依於體・相不離性・二處於一居・前後可得談。然雖得而談・不可得而亂・若說性為隨緣・亂也・若說相為不動・亂也・亂則非聖教也。

問・識體識性・談義無疑・識用識相・多不可了・如何阿賴耶既說為無覆無記性・復說如來藏而為清淨性耶。

答・八識為染淨依・依之為藏・染淨之為種・就藏為言・說如來藏阿賴耶皆名藏識・就種為言・說無漏淨種名如來藏・有漏染種名阿賴耶・闡阿賴耶義者說無漏種寄賴耶中轉・闡如來藏義者說煩惱客塵纏於佛藏・隨所主而為言・非識之有或異。染淨依同・其性不同。成唯識論・無漏法種雖附此識・而非所緣非此性攝・緣不及於無漏・故性唯為無記。此密嚴經・真為慧境界・遠離於眾相・慈悲之所行・無相遍一切・緣悉離於有漏・故性得為清淨。視其所緣・定其性質・轉識可以成智・夫豈用之為物・乃決定死常之物哉。

問・緣無漏種・即入初地・乃法苑義林・見道以前煩惱纏位名如來藏・初地以上二障漸斷即名法身・其說然耶。

答・此須分別。見道緣於無漏・地前纏位・趣向無漏・隨順無漏・亦可得名緣於無漏・經言若信成佛即得解脫是也。此就無漏言如來藏也・而彼就纏位言也。初地平等身・入定無漏・二障須漸斷・出定有漏・賴耶捨於八地・如來藏極於十地・不可謂全分法身也。此就纏位言少分法身也・而彼就淨位言也。

問・迷為無記・悟則清淨・迷悟非依於涅槃耶。

答・迷悟屬於自性・非係其所依・勝鬘所謂若無如來藏不得厭苦樂求涅槃也。密嚴所謂若離阿賴耶即無有餘識也・聖教惡友・本有種子・各視其增上增長・而各發其所為現行而已。

問・勝鬘自性清淨心難可了知・彼心為煩惱所染難可了知・作何解耶。

答・前句說性・後句說相是也。心性本淨・客塵煩惱所染汙故・二句亦同・唯識解心性・為心空理所顯真如・或為心體也。

問・經言八種九種心・九心即九識・所謂菴摩羅識是耶。

答・九識為言・言於識淨・而經下文又言本心・不當立十識耶。不知識止是八・以心為言・識固是心・智亦是心・故有四識・又有四智心品・此所談心・談於染八淨九而已・此染淨二心・皆依於藏識而已。

問・如來藏是佛性耶。

答・佛性了因・為所顯得・如來藏生因・為所生得。

問・如來藏為無漏種之所藏・而法界之界為因義・非一物耶。

答・如來藏在纏・其出纏者在人名法身・在法名法界。

問・如來藏非法性耶。

答・法性為體・如來藏為用。法相無邊・不能一一區別。

五法身者・經言・有佛無佛法性常住・是則法性為自性涅槃。尼夜摩性・遠離後有一切過失・是則法身為無餘涅槃。菩薩不捨大悲・以究竟慧入佛法身・受用如來廣大威德・是則法身為無住涅槃。大涅槃經・三德所繫・不一不異・說於法身而不離般若・此密嚴經・以無住涅槃談佛法身・發揮慧境而無有餘・是則大涅槃・增上涅槃・無住涅槃者・法身義也。然而智為顯寂・智但充量・其根本涅槃無餘涅槃者・實法身義也。

問・勝鬘經言・如來藏者是法身藏・又言若於無量煩惱藏所纏如來藏不疑惑者・於出無量煩惱藏法身亦無疑惑・是則談如來藏必因是而談法身也・如來藏是智境界・法身亦智境界耶。

答・攝論・法性即身・故名法身・又身是依止義・一切法所依止處・故名法身・是則法身者一切智智之所依止・而非即智也。

問・金光明經・法如如・及如如智・名法身・非智即法

身耶。

答・經談法身・開合多門・意有所指・非決定說。有說一身・涅槃寶同真體・說一法身。有說二身・寶性論說・一寂靜法界身・二由說法因而得法身亦名法身・是受用變化俱名法身。佛地論說・一生身・他受用及變化身是・二法身・自性實報身是・實功德故・功德法所依止所集成故。有說三身・金光明經有七復次說三所由・基師助釋其義・謂觀佛之身但應說二・一內身真德・即如如智合名法身・二為所化生應宜而現・合名應身・以宜顯宜潛開為應化說為三身。又觀彼意應說四身・如如名自性・如如智名報・利他顯則名應・隱則名化・然理智冥合自利是一・自性報佛合名法身・假德相殊隨機現異・宜隱宜顯分名化應。以是因緣金光明經說如如智亦名法身。

問・金光明經作是權說・意何屬耶。

答・金光明經屬涅槃部・以無住涅槃談大涅槃・顯是涅槃菩提是賴・故以智如并一處說・此密嚴經亦不談無住多說慧境・然於法身未為詳論。

問・依於何經非權說耶。

答・依佛地經為非權說・不繫他義・專談佛地故。

經言・有五種法攝大覺地・所謂清淨法界・大圓鏡智・平等性智・妙觀察智・成所作智。法界為一・四智為一・若如智合為是實說・則大覺地止一法身・彼奚說三始盡佛量・若如智合是為實說・則法身攝四・此何列數平開五種。是故佛地為實說也。

問・四智不屬法身・何身所屬耶。

答・俱屬自受用身・依平等顯為他受用・依所作顯為變化身。

問・體為自性・用自受用・體用分合・可任情耶。

答・分合無礙・淆亂則非。淆體於用・亂用於體・大法光明・趣於黑闇・豈若離合而條理井然。

六唯智學者・緣生心有法・對無所有境曰一切唯有識・為唯識學。無相之相依決定性・對緣生無自性曰一切智之境・為唯智學。戲論習氣・境風所動起諸識浪・賴耶為依而成其果・業習增長又增餘識・一切相應遂起分別而成世間・世間虛偽轉識變化・所謂唯識無境也。若無賴耶諸識不轉・以諸識無自性也。賴耶為依共成其轉・所謂無思無分別・無記隨緣也。賴耶非幻・非識轉變・然隨分別無不周遍・遍處見賴耶・謂之為流轉也。賴耶為相但是緣起・而無所執・無相之相依於實性・所謂有決定性也。相既依性・則一切境界皆智境界。經言色聲香味觸意識之所緣・有為無為法・乃至於涅槃斯為智之境。又云・常與無明轉本心堅不動・熏習以相應體性而無染・則所謂唯智而非唯識也。相從緣起・名從相生・二生分別・是三一體・名無相亦無・何處有分別・諸法如如善觀為智。名為遍計・相是依他・離名相分別是圓成實性。轉識有分別・賴耶無分別・轉識染依他・賴耶淨依他・本來性無我。此五法三自性八識二無我之境・悉趣向於無分別之無相三昧・是之謂唯智學也。染淨之種皆依賴耶・迷則染種勢用妄生分別・墮人天趣・悟則諸乘種姓勢用無分別・生於密嚴國・則所謂唯智學由悟而入者也。

經言・如是生死轉・悟者心無轉。若悟於自心・名無漏聖人。了賴耶妙生・如涅槃虛空・擇滅無為法・清淨常圓滿・體性無增減・即便得無漏。了內外唯識・依賴耶分別・是密嚴知見。無轉無漏・密嚴知見・入地則然・則所謂悟者・見道通達位也。見道以前・雖非是智・然既聞法已・一心求密嚴・隨順趣向智・亦得名唯智。

有歸依・歸依密嚴寶・所謂一歸依也。有信・信咸得佛・所謂一切有情皆有佛性・佛體是信・若能信此・王諸國土紹繼佛事也。有住・種姓一淨・佛即授記・得無分別・支解不動也。如是而解行・回向無盡藏・所謂聞法而覺悟・離文字分別・入三解脫門・得證真實理・是名為得悟也。

密嚴是涅槃道場・以三三昧開涅槃門・三三昧觀・觀一實相・所謂無相・空無分別。初四尋思・相名分別空・人我法我空・覺察於三有・本來即無我・非由擊壞無。如是於諸法相・俱得善巧。色心不相應・無為及世間・一切無別異。五法之體性・皆平等平等。勝鬘四諦・非壞故名為苦滅・無始無作・無盡常住・自性清淨・離一切煩惱藏故。涅槃十二支・非因果故・常恆不變・性即八不・名為佛性故。如是觀行・為唯智學行也。貪觀不淨・癡觀緣起・瞋觀慈悲・慢則析根・疑復數息・為唯識分對治。此無相三昧・為唯智總對治。

經言・遠離能所取・寂然心不動・是名真修習・無相觀行者・是也。既已覺悟・生於密嚴。

經言・最上瑜伽者・地地而進修・了知而善說・其身轉清淨。又言・修行於十地・檀等波羅蜜・淨業悉圓滿・得佛勝所依。是則唯智之行・亦不離十度因果行・十地差別行也。既生密嚴・安樂解脫・以究竟慧入佛法身・受用如來廣大威德・證真行化・盡於未來・化事已畢恆住真身。如是為唯智學果也。

問・賴耶何為隨緣耶。

答・宇宙大用・法爾如是也。緣起依他性・依他攝一切染淨事・若無依他應無雜染・即無清淨・不由功用一切淨品由何而知。然有二種・遍計所起唯染依他・無執所起為淨依他・此性既為遍計所依・亦為圓成所依・就唯識學說染依他如怨如害・就唯智學說淨依他亦無倒無礙。

問・相非幻妄耶。

答・相從緣起・非是全無・幻妄何害・害於其執。迷則必執・悟則無執・雖為幻妄・其相如如・如相無相・即為實相。解深密經・於幻化事不執諦實・而有幻狀・彼於後時不須觀察。楞伽經言・以諸妄法聖人亦現・然不顛倒・分別妄法・而得成就佛乘種姓・心意意識・惡習轉依・即說此妄名為真如。是故中論有言・諸佛依說法・一以世俗諦・二第一義諦・不分別二諦・即於深佛法・不知真實義。是故若無俗諦・一切智智不成・不能無住涅槃・如何得談於唯智學。

問・唯識學唯智學・當言有異・當言無異耶。

答・藏識受熏持種・轉識妄生分別・當言無異。阿賴耶一往詮有漏種・如來藏一往詮無漏種・當言有異。如蛇繩麻・蛇知而繩知・唯識學漸境界・繩知而麻知・唯智學頓境界・當言有異。然唯識亦言淨邊事・唯智亦言染邊事・識強智劣言唯識學・智強識劣言唯智學・則又當言無異。

七定者・有二大定為二轉依境界・菩提境界曰首楞嚴三昧・涅槃境界曰無相三昧。涅槃經言・首楞嚴三昧有五種名・

一首楞嚴・二般若波羅密・三金剛・四師子吼・五佛性・其義為一切事畢竟而堅固・大般若經百三三昧・而以首楞嚴冠首・則所謂智之事也。涅槃經言・佛於拘尸那城入大三昧深禪定窟・眾不見故名大涅槃・無相定者是大涅槃・無色聲香味觸・生住壞男女如是十相・故名無相・則所謂寂之事也。密嚴闡如來藏唯智學・而道場國土寂靜光明是涅槃境・雖以無住涅槃求一切智智・而以智顯寂・究極於自性無餘・故以無相三昧入涅槃門坐密嚴道場・住涅槃窟・而一經之所談・胥不離於無相三昧是也。一經之所談・五法三自性八識二無我皆歸極於無分別・如來藏緣起・於一切幻妄不執以為諦實・故曰胥不離於無相三昧也。

經言・十六種現觀・學人數有十・此諸修定者復漸滅於心・第四禪無心有因不能害・無心是無習・無相離分別・定之要在是也。

經言・有尋伺喜樂・寂靜入初禪・如是漸次第・四八至於十・是四禪四空四無量・八解脫八勝處・十一切入・得一無分別・而無量諸定皆得入也。

經言・遍處及靜慮・無色無想定・逆順而入出・力通皆自在・得一無分別・而逆順入出及通・無不自在也。

經言・於彼不退還・亦不恆沉沒・若住定攀緣・流轉生三界・得一無分別・不墮味禪也。

經言・天仙姝麗女・來供如觀夢・外道持明梵・亦不見其頂・得一無分別・染邪二覺不於定生也。

經言・無量諸聲聞・住山間樹下・寂靜修禪處・善攝諸根故・如以鈎制象・然金剛藏答月幢定所之問・以五喻所歸歸

於賴耶・此言於定所也。

經言・善行清淨行・出過於十地・種種誘誨已・真實密嚴現・此言於定緣也。

經言・骨鏁滿世間・遍處假想觀・甜味能除熱・辛味除於冷・如是破執有・牟尼由此智密嚴而解脫・不見以兔角觸壞於大山・如是破執空・此言於邪定也。汝何不修定・定者之所見・定者生密嚴・舉足下足自定中來・如是密嚴經・誠可謂宣示三昧之全經也。

問・行在三學・密嚴說定說慧・不說戒何耶。

答・經言・沐之淨戒流・飲以智慧液・由修淨戒智・生死得解脫・豈非說戒耶。意在密嚴境・唯智學・於戒略談而已。

八身土者・謂微妙賴耶意生身・而密嚴寂靜土也。經言佛與諸菩薩皆是賴耶名・人法一如也・賴耶即密嚴・身土一如也。請談淨土義。

一土差別・剎土淨穢・視身異而顯異。自性身依法性土・土唯是淨・稱讚大乘功德言・是薄伽梵住法界藏・說彼經典住法性土是也。自受用身依自受用土・土唯是淨・密嚴所謂出帝弓電光妙莊嚴殿是也。他受用身依他受用土・土唯是淨・佛地經云・住最勝光耀十八圓滿是也。變化身依變化土・土通淨穢・維摩詰住廣嚴城是也。此經密嚴道場・是無垢月藏殿・為十地菩薩所顯・故其土唯淨也。

二土體性・自性身土雖皆真如理・而說屬於佛亦自相性異。佛義相為身體性為土・智相為身法性為土。受用變化咸依自土・四智相應・亦相性殊。而密嚴經言・密嚴微妙剎・體是轉依識・超於分別心・非妄情境界。

又經言・密嚴微妙土・是最勝寂靜・亦是大湼槃解脫淨法界・亦妙智神通觀行所依剎。若曰此義相智相所依之體性法性有如此・此之謂土之體性如此也。

三往生因・六度四攝・三十七覺・十善業道・皆淨土因。而密嚴經言・如來密嚴剎無終亦無始・但由無功用妙智之所生・法相巧莊嚴・平等而無別・十種意成身・修十地十度・入三解脫門・已焚燒蘊樹・而往密嚴國。

又言・此土最微妙・非餘者所及・唯佛與菩薩清淨之所居・三乘以出生・最上生密嚴。

又言・極樂莊嚴國・人非胎藏生・光明淨圓滿・皆悉具瑜伽・若比於密嚴・百分不及一。是密嚴淨土・非地上菩薩不生・所生皆勝流・故勝於極樂國也。

四問答辨・問・淨剎無邊・獨於極樂校短論長何耶。

答・以皆化生故・極樂為土最殊特故。

問・極樂殊特・而不及於密嚴何耶。

答・極樂九品生・又生邊地・而密嚴中人・皆入地菩薩故。

問・密嚴見道生・極樂且不必發菩提心・但十念生・難易如是・抑何故耶。

答・淨穢途分・豆不生瓜火不出水・不發淨心・畢竟無種・何處生果耶。密嚴往生是談正義・極樂十念但他時意趣・

法華一稱南無佛與彼意同・世親攝論・謂令懶惰者・由彼彼因・於彼彼法精勤修習・彼彼善根皆得增長・如由一金錢得千金錢・豈於一日・意在別時・一是千因念是生因・非即生也。

九不壞世間者・辨中邊言・三界・心心所是虛妄分別・虛妄分別有・相從因緣起以如幻有故。經言・正智常觀察一切諸世間・從於如是因而生彼諸果・真如非異此諸法互相生與理相應心・以是義故・世間智如不相妨礙・則不必壞。

經又言・壞有以成無・住有不能出・既壞三和合・因等四種緣・惡習分別者・捨離於自宗依止他宗法・夫依止他宗為他所勝・律四根本罪曰波羅夷・波羅夷者・此云他勝法也・以是義故・破壞世間成極惡罪・則不可壞。染心緣世間世間是染・淨心緣世間世間是淨・文殊不見山河瓦礫荊棘・但見平等・成唯識言・無漏有為勝用周遍・亦得名圓成實・是說淨分依他・諸佛世尊・一切智智盡未來際作諸功德者此也・以是義故則不得壞。

問・不壞世間・焉得解脫耶。

答・轉其有漏依・回向無漏依・亦轉而已矣。次第如來藏熏習下中上漸增・次第阿賴耶熏習下中上漸減・既轉依已・無異熟識種子而轉・一切種永斷・說世間滅。

問・中論・觀因緣品・非破四緣耶。

答・龍樹破執緣者・若不執緣而亦被破・是惡取空・與龍樹反。是故中論說偈・大聖說空法為離諸見故・若復見有空・諸佛所不化。是故智論有言・如佛說有四緣・但以少智之人著於四緣而生邪論・為破著故而說言・諸法實無所破。

十闢謬者・諸佛世尊・今釋迦如來・立五法為教・見諸密嚴楞伽・及種種經論・如是而違反・此之謂大謬・不可以不闢。

法既為五・則真如是一・正智是一・明明二事・不可攝智於如・淆如於智・而唯言真如事一。真如之謂體・正智之謂用・真如之謂性・正智之謂相・不可淆體性於相用・淆相用於體性。法爾如是有性有體・法爾如是有用有相・凡法爾有・以自為本・立一切本・不本於他・為他所屬。真如是一法・正智是一法・此之謂法・如智一味之謂義・不可淆法於義。

知斯四者・則知所以謬・則知起信論之所以謬・則知凡根據於起信而立教之所以謬。起信立真如生滅二門是也・立生滅門不立正智為本・而一本於真如謬也。說心性不起即是大智慧光明義・而不知此是智如一味之義・因是而不立正智之法謬也。正智是淨之本・無明是染之本・本之謂法爾如是也。故經說客塵・不推客塵所自・經說無明・不窮無明所由。而起信說無明因於依覺・是為因緣本・非法爾本・說不達法界忽然念起即為無明・念即無明似為一事・然又說不知真如法一不覺心起而有其念・依於不覺而生無明與不覺應・則明明以念在無明先為先一事・無明依念後生為後一事・說無明不說法爾本謬也。相用但依於體性・而實自有其功能・或名如來藏・或名阿賴耶・有漏種子法爾本有・無漏種子亦法爾本有・皆依於藏。種生現而熏藏・藏持種而受熏・淨以廣其淨・染以廣其染・染勢用而淨微・淨圓滿而染滅・皆相用中事・初無與於體性。而起信真如熏無明起淨法不斷・無明熏真如起染法不斷・不立有漏無漏本有種熏繫於藏・而好轉展無明真如・真如無明・乃使一切大法無不義亂謬也。隨緣是相用邊事・不動是體性邊事・起信說真如不動是也・說真如隨緣謬也・說真如隨緣而不動謬也・經以海浪喻喻識・不以海浪喻喻如也・經但說藏隨轉識緣也・經但言藏依於性而不動也。清淨功德緣起於正智・雜染世間緣起於無明・說賴耶緣起是也・說正智緣起是也・起信說真如緣起謬也・如何謂之緣・如何謂之起・顧名思義應亦了然也。

總之種種紕謬・生於一因・曰好談因緣不信法爾之為害也。好談因緣・轉展窮歸歸於一本・而不覺墮於他勝・所謂數論自性生三德・三德生二十三諦是也。不信法爾・過去未來虛妄分別・風生戲論海市乾城・及其至也・但狂慧世界・無修證餘地・不獨內學之為害・此方習尚亦滋蔓之難圖也。豈不悲哉。

主編者簡介

談錫永，廣東南海人，1935年生。童年隨長輩習東密，十二歲入道家西派之門，旋即對佛典產生濃厚興趣，至二十八歲時學習藏傳密宗，於三十八歲時，得甯瑪派金剛阿闍梨位。1986年由香港移居夏威夷，1993年移居加拿大。

早期佛學著述，收錄於張曼濤編《現代佛教學術叢刊》，通俗佛學著述結集為《談錫永作品集》。主編《佛家經論導讀叢書》，並負責《金剛經》、《四法寶鬘》、《楞伽經》及《密續部總建立廣釋》之導讀。其後又主編《甯瑪派叢書》及《大中觀系列》。

所譯經論，有《入楞伽經》、《四法寶鬘》（龍青巴著）、《密續部總建立廣釋》（克主傑著）、《大圓滿心性休息》及《大圓滿心性休息三住三善導引菩提妙道》（龍青巴著）、《寶性論》（彌勒著，無著釋）、《辨法法性論》（彌勒造、世親釋）、《六中有自解脫導引》（事業洲巖傳）、《決定寶燈》（不敗尊者造）、《吉祥金剛薩埵意成就》（伏藏主洲巖傳）等，且據敦珠法王傳授註疏《大圓滿禪定休息》，著作等身。其所說之如來藏思想，為前人所未明說，故受國際學者重視。

近年發起組織「北美漢藏佛學研究協會」，得二十餘位國際知名佛學家加入。2007年與「中國人民大學國學院」及「中國藏學研究中心」合辦「漢藏佛學研究中心」主講佛學課程，並應浙江大學、中山大學、南京大學之請，講如來藏思想。

離・言・叢・書・系・列

《解深密經密意》

談錫永/著 NT$390元

密義的意思就是語言之外所含之意，沒有明白地講出來，他雖然用語言來表達，但讀者卻須理解言外之意。
本經既稱為「解深密」，也就是說，根據本經之所說，就能得到佛言說以外的密意。

《無邊莊嚴會密意》

談錫永/著 NT$190元

《大寶積經・無邊莊嚴會》是說陀羅尼門的經典，可以將其視為釋迦演密法，故亦可以視其為密續。
全經主要是說三陀羅尼門——無上陀羅尼、出離陀羅尼、清淨陀羅尼，依次攝境、行、果三者。

《如來藏經密意》

談錫永/著 NT$300元

《如來藏經》說眾生皆有如來藏，常住不變，然後用九種喻說如來藏為煩惱所纏，是故眾生不自知有如來藏。
這是如來藏的根本思想。由此可將一切眾生心性的清淨分說為如來藏，雜染分說為阿賴耶識。

《勝鬘師子吼經密意》

談錫永/著 NT$340元

本經對如來藏的演述，是由真實功德來建立如來藏，因此便很適應觀修行人的觀修次第。
欲入一乘，欲觀修如來藏，須先由認識如來真實功德入手，這是觀修的關鍵。勝鬘說三種人可以領受如來藏，便即是依其是否能領受如來真實功德而說。

《文殊師利二經密意》

談錫永/著 NT$420元

文殊師利菩薩不二法門有眾多經典，現在先選出兩本詮釋其密意。所選兩經為《文殊師利說般若會》及《文殊師利說不思議佛境界經》。選這兩本經的原故，是由於兩經所說彼此可以融匯。

《龍樹二論密意》

談錫永/著 NT$260元

本書特選出龍樹論師《六正理聚》中《六十如理論》及《七十空性論》兩篇，加以疏釋，用以表達龍樹說「緣起」、說「性空」、說「真實義」、說「法智」，以至說「無生」的密意。

《菩提心釋密意》

談錫永/疏・邵頌雄/譯 NT$230元

本論專說菩提心，立論點即在於如何次第現證勝義菩提心以及建立世俗菩提心。於前者，及涉及觀修次第，而不僅是對勝義作理論或概念的增上。

《大乘密嚴經密意》

談錫永/著 NT$360元

《大乘密嚴經》的主旨其實很簡單：阿賴耶識即是密嚴剎土。所謂密嚴剎土，即是如來法身上有識境隨緣自顯現，將法身與識境連同來說，便可以說為密嚴剎土。這時，自顯現的識境便是法身上的種種莊嚴。

《龍樹讚歌集密意》 談錫永/主編・邵頌雄/著譯 NT$490元

本書說龍樹讚歌，亦總說龍樹教法之密義。龍樹的「讚歌集」，於印藏兩地的中觀宗都深受重視，並視之為了義言教，唯此等讚歌，大都從未傳入漢土。本書將其中八種，譯為漢文，並據此演揚龍樹教法密義。

《大圓滿直指教授密意》 談錫永/譯疏 NT$300元

本書收入蓮花生大士《大圓滿直指教授》說及觀修的密意，為此叢書補充唯說見地的不足，亦收入談錫永上師《心經頌釋》，補足蓮師一篇所未說的前行法，兩篇由談上師闡其密義。

《智光莊嚴經密意》 談錫永/註疏・邵頌雄/導讀 NT$420元

本經說不生不滅、隨緣自顯現、大平等性，是次第說覺知一切諸佛境界的基礎。圓融此三境界，即知諸佛境界唯一，由此即能說取證菩提。本經之重要，在於它正面解說諸佛境界，同時說出入這境界的觀修法門，如是顯示如來藏的基道果。

《圓覺經密意》 談錫永/主編・邵頌雄/導論 NT$280元

《圓覺經》中實在已有了義大中觀的基、道、果密意，影響深遠，本經的地位，在漢土便高如須彌山。然整本經是回答十一位菩薩之所問，所答甚為深密，若不知其密意，便會認為本經與其他經典所說不同，由是疑為偽經。

《藏密甯瑪派禪修密意》 談錫永/主編、釋・馮偉強、楊杰/譯 NT$240元

本書為離言叢書系列中，專說禪修密意。為甯瑪派教授禪修之文獻，及歷代祖師之口耳相傳，今闡釋其密意，希能引導學佛行人得入禪定。讀者依此方便道作聞思修，方能入正道。

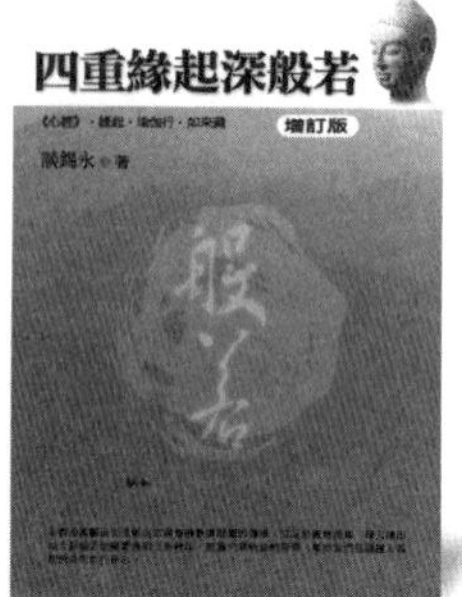

《四重緣起深般若》(增定版)－
《心經》・緣起・瑜伽行・如來藏

談錫永 著/平裝/NT$420元

本書由談錫永先生依自宗藏傳佛教寧瑪派的傳承，立足於觀修而寫，深入淺出地介紹般若波羅蜜多的三系教法，統攝大乘教法的精華，幫助我們迅速趨入甚深教法的修行核心。

《心經內義與究竟義》－
印度四大論師釋《心經》

談錫永等 著譯/平裝/NT$350元

《心經》為般若經典的精華，也是能解脫煩惱苦厄得到究竟安樂的智慧經典。本書精彩而豐富地闡述《心經》的釋論精華，讀者藉由本書不僅可窺見八世紀至十一世紀印度大論師詮釋《心經》的風範，也能對《心經》於漢藏兩地的弘播與繙譯，提供更深入的認識。

《聖入無分別總持經》對勘及研究

沈衛榮、邵頌雄 校研・馮偉強 梵校・談錫永 導論/NT$390元

《聖入無分別總持經》是大乘佛教的重要經典，其基本的內容為：佛陀以「入無分別總持」，向以無分別照明菩薩為首的眷屬大眾，開示速捷證得入無分別的殊勝妙法，其重點在於開示住於無分別界的意義，與證得無分別的方法。

本書從歷史、語言、教法等不同角度，研究《聖入無分別總持經》的弘播年代、繙譯、以至此經對早期瑜伽行派的影響，更從實修觀點來論說瑜伽行派如何教導入無分別的體性及修證，又依甯瑪派的觀點來作引證。

《入楞伽經》梵本新譯

談錫永 譯著/平裝/NT$320元

印度瑜伽行派、漢土早期禪宗、西藏甯瑪、噶舉、薩迦等佛家宗派，皆以《入楞伽經》為根本經典，亦以經中所說之如來藏思想為觀修之究竟見。

談錫永上師今取現存之《楞伽》梵本，重新繙譯此經，細註舊譯之誤譯與添譯處，並於重要之文句附上梵文的羅馬字轉寫；復依自宗甯瑪派了義大中觀的見地，闡明「如來藏藏識」之義理，希望本譯能破解學者對研讀《入楞伽經》的疑難。

《寶性論》梵本新譯

談錫永 譯著/平裝/NT$320元

《寶性論》為佛教重要論典，本論建立了「七金剛句」，將佛寶、法寶、僧寶、如來藏、證菩提、功德、事業等這七個主題並列，以佛法僧三寶為觀修的因，並以佛及眾生依本具的如來藏為觀修的中心，經過實踐修行的歷程，最後證得佛果菩提，具足一切佛法功德，圓滿濟度眾生的事業。

透過本書作者精湛的分析與釋論，能幫助讀者清晰地掌握修行的脈絡，迅疾趨入究竟的解脫大道。

《如來藏論集》

談錫永、邵頌雄 著/平裝/NT$330元

在智境上覆障著識境，如是的一個境界，便名為如來藏。法身不離煩惱纏，故於一切有情的煩惱身中，皆具足清淨的如來本性，也就是說每一個眾生都有佛性。

透過本論集對如來藏精闢的探究與分析，以及如何觀修如來藏等談論述，對於佛法的抉擇與實修，能提供相當廣大的助益與參考，是現代佛教知識份子不可錯過的著作。

《如來藏二諦見－不敗尊者說如來藏》

談錫永、邵頌雄 著譯/平裝/NT$360元

法身以本具功德，不可說之為空；識境自顯現雖隨緣而成有，但因其未嘗刹那與法身離異，故亦不得籠統說之為有，只能說「緣起有」。此乃大中觀施設二諦之堅定立場。不解如來藏義，橫生枝節加以否定者，即由於不知大中觀持何立場以施設二諦。

《聖妙吉祥真實名經》梵本校譯

談錫永 譯著・馮偉強 梵校/平裝/NT$390元

《聖妙吉祥真實名經》為無上密續部重要經典，說如來藏之觀修，亦即妙吉祥不二法門之觀修。由此開展，則可建立為依金剛薩埵為主尊之《大幻化網續》，以及一切無二續。

《聖妙吉祥真實名經》釋論三種

談錫永 導論・馮偉強、黃基林 校譯/平裝/NT$390元

《聖妙吉祥真實名經》為觀修三轉法輪教法的重要經典。本經藉「幻化網現證菩提」壇城，令行者藉觀修而得現證妙吉祥不二法門。談錫永上師早前根據今傳四種梵本重新校譯本經，解決古譯文句互異的問題，更譯出釋論三種，解決文義難明與具體觀修無所依等二疑難。

《辨中邊論釋》校疏

談錫永 校疏・邵頌雄 前論/平裝/NT$400元

依甯瑪派教法，本論可依大中觀的加行道來作抉擇。以加行道的層次來治本論，亦為印度瑜伽行派的傳統。

離言叢書08

《大乘密嚴經密意》

作　　者　談錫永
主　　編　談錫永
美術編輯　李　琨
封面設計　張育甄
出　　版　全佛文化事業有限公司
訂購專線：(02)2913-2199
傳真專線：(02)2913-3693
發行專線：(02)2219-0898
匯款帳號：3199717004240 合作金庫銀行大坪林分行
戶　　名：全佛文化事業有限公司
E-mail：buddhall@ms7.hinet.net
http://www.buddhall.com
門　　市　新北市新店區民權路88-3號8樓
門市專線：(02)2219-8189
行銷代理　紅螞蟻圖書有限公司
台北市內湖區舊宗路二段121巷19號（紅螞蟻資訊大樓）
電話：(02)2795-3656
傳真：(02)2795-4100

初　　版　2015年08月
初版二刷　2021年09月
定　　價　新台幣360元
I S B N　978-986-6936-87-6(平裝)

國家圖書館出版品預行編目資料

大乘密嚴經密意 / 談錫永著；
-- 初版. -- 新北市：全佛文化, 2015.08
面；　公分. -- (離言叢書；08)

ISBN 978-986-6936-87-6(平裝)

1.經集部
221.761　　　　104014286

BuddhAll

All is Buddha.

BuddhAll.

BuddhAll